Tony LOCORRIERE

AUTORE BESTSELLER INTERNAZIONALE

IDEE BUSINESS RENDITE IMPRESA

NON CERCARE UN LAVORO MA CREA RENDITE
TRA 100 DIVERSE IDEE ONLINE E NON!
GUADAGNA DA INTERNET, FINO ALLA STARTUP!
COMPLETO DI PRATICO ALLEGATO PER
DIVERSIFICARE I TUOI RISPARMI!
(ASSET ALLOCATION)

Titolo
IDEE BUSINESS RENDITE IMPRESA

Autore
Tony LOCORRIERE

Sono reale, non un "pen name", cerca su:
Profilo Amazon e LinkedIn

Non dimenticare di visionare tanto contenuto di valore gratuito, sul mio portale omonimo della mia organizzazione: https://www.tonylocorriere.org

Per le novità, seguimi su Facebook:

www.facebook.com/habitscoach1/

Collana: Finanza Personale libro n° 2 di 5.

Ti auguro una buona lettura finalizzata a creare delle nuove e sane abitudini grazie **agli allegati pratici ed originali**

protetti da Diritti Riservati!

DISCLAIMER

Quest'opera è una proprietà letteraria riservata dall'Autore, a norma di legge. È espressamente vietata la riproduzione anche parziale, specie per fini di lucro, senza preventiva autorizzazione scritta. Le nozioni ivi contenute sono frutto d'esperienza maturata in anni di studi, quindi non è garantito il raggiungimento dei medesimi risultati. Il lettore consapevole si assume piena responsabilità delle proprie scelte, derivate dalle nostre strategie che sono condivise esclusivamente per scopi informativi e didattici, non volendo, peraltro, rappresentare consigli d'investimento.

COPYRIGHT

"**Idee Business Rendite Impresa**"

di Antonio (Tony) LOCORRIERE

è distribuito con Licenza

Creative Commons Attribuzione

Non opere derivate 4.0 Internazionale.

Basato sul sito: https://www.tonylocorriere.org.

Altri Permessi rispetto alle finalità della presente licenza possono essere richiesti all'autore o suoi eredi!

Diritti Riservati - II Edizione - 2021

RINGRAZIAMENTI

In anni di vita e di corsi di formazione, ho imparato che l'essere costantemente grato nei confronti di chi ha permesso di apprendere ciò che hai nel tuo background, certamente orienta la tua vita in positivo. Solo così dimentichi istantaneamente e nettamente ogni tipo lamentio o negatività nei confronti di ciò che non si possiede perché ne hai già compresa l'inutilità!

Ringrazio la vita e chi mi ha messo al mondo e allevato con sacrifici. Ringrazio tutti coloro i quali mi hanno aiutato a formare l'idea al miglioramento continuo e incessante, non solo finanziario ma soprattutto umano, personale e sociale.

Sono grato a quelle persone che mi hanno permesso di divenire Amazon Bestseller, più volte, acquistando questa o una delle mie altre opere. Sono grato anche a te che stai leggendo perché hai avuto fiducia in me, forse neanche conoscendomi. Sappi che ho dato sempre il massimo nella stesura dei miei scritti per ripagarti con un'esperienza unica e appagante nel concederti valore.

Mi complimento davvero, perché hai deciso di intraprendere questa impegnativa lettura, rammentando sempre che le vere soddisfazioni sono tanto più grandi, quanto più pressanti sono stati gli sforzi per coronarli. Infine, questo che hai tra le mani, lo definisco il mio miglior libro di sempre, finora! Imparerai tante cose e gradirei avere da te solo un'ultima cosa: attenzione totale, lontano dal telefono!

Buon viaggio! Tony

*"Follia è fare sempre la stessa cosa
e attendersi risultati diversi"!
Albert Einstein*

INDICE DEGLI ARGOMENTI

PREFAZIONE 9

01-COSA LIMITA LA GENTE A INIZIARE? 14

02-HAI IL GIUSTO MINDSET? 21

03-METODO PI-PRAC: Penso e Idealizzo! 23

04-COME INIZIARE ALLA GRANDE? 25

05-RIPARTIZIONE DEI BUSINESS 28

06-MONETIZZA LE TUE COMPETENZE. 40

07-L'IMPORTANTE PROCESSO DI VENDITA! 85

08-MEGLIO OFFLINE O ONLINE? 118

09-I TUOI PRIMI 100€ 137

10-RENDITE PASSIVE DA POSSESSO 142

11-SEI PRONTO ALL'IMPRESA 159

12-ALTRI ESEMPI DI IMPRESA 172

13-COME AUMENTARE LE ENTRATE 177

14-COME EVITARE IL FALLIMENTO 180

15-FISCO E PUBBLICO IMPIEGO 184

16-CONSIDERAZIONI PERSONALI 190

LA TUA OPINIONE E RISORSE 196

COME LEGGERE IL LIBRO!

A leggere un libro sono capaci tutti o quasi! Saperlo comprendere a fondo, è una cosa diversa. Non c'entra il livello d'istruzione ma subentra la materia tra le più scarse in natura nell'attuale ambiente mediatico: l'attenzione! A fronte dell'abbondanza di dati e informazioni a disposizione, qualcos'altro deve ovviamente calare ed è appunto il livello medio di concentrazione intesa all'acquisizione d'importanti dati. Libri come questo meriterebbero una comprensione più profonda, capace di andare al di là della prima lettura. Non è un romanzo, ma una guida alla tua crescita e come tale devi trattarla, prima ben somatizzarla e poi applicarla! Mi permetto, quindi, di dare alcuni semplici consigli su come leggere un libro di elevazione personale per apprezzare più a fondo sia il piacere della lettura che gli sforzi di stesura che sono stati compiuti per ultimarlo!

-Dopo aver letto il sommario, presumo che tu abbia già una chiara idea degli argomenti trattati. Ti consiglio comunque di leggere dall'inizio alla fine e non solo gli argomenti che potrebbero interessarti.

-Prenditi una mezz'ora tutta tua per iniziare la lettura. Io scelgo tra due momenti di particolare relax: o quando tutti sono già a letto o alzandomi un'ora prima di tutti. Estraniati da tutto e munito di evidenziatore, leggi il primo capitolo, colorando i passaggi che ti hanno colpito maggiormente o sottolineando quelli che non hai compreso e che vorresti approfondire prima di procedere (usa tratti differenti).

-Al termine, senza fretta cerca di riprodurre mentalmente gli argomenti per crearti delle immagini mnemoniche.

-Procedi alla ricerca delle parole sconosciute e alla rilettura delle sole parti evidenziate, il succo del tutto, per imprimerti la lezione. Se sei avvezzo, potrai crearti una mappa mentale per ogni eventuale veloce refresh.

Consigli personali: leggi sempre alla stessa ora, in solitudine, magari dopo aver fatto gli esercizi fisici mattutini (le endorfine migliorano l'apprendimento) con l'umore giusto, concentrato, per un tempo determinato segnato da una sveglia (perché volerà!). Segui questi consigli e mi ringrazierai anche per le letture a venire!

"Questo non è un romanzo ma un percorso verso il tuo successo e devi necessariamente imparare a leggere efficacemente"!

PREFAZIONE

Ero stravaccato su di un elegante sdraio in un rinomato resort messicano in un caldo e afoso pomeriggio estivo e ammiravo le variopinte e stupefacenti colorazioni del mare caraibico. Quella stessa mattina avevo coronato uno dei miei più grandi sogni ma avevo anche superato dei miei grandi limiti: la paura degli squali (balena) e il nuotare in pieno oceano. Quante emozioni e quanta adrenalina! Pensai di essere davvero fortunato nel vivere tali esperienze in prima persona e mentre riflettevo, mi soffermai sulla straordinarietà del genere umano rispetto a quello animale, l'unico capace d'evolversi in maniera eccezionale attraverso delle vere e proprie "Rivoluzioni". Da grande appassionato in storia, a occhi chiusi, ripercorsi un grande e stimolante flashback attraverso i secoli. Secondo me, pensai, che l'era della vera accensione dei cervelli fosse il XVII secolo con la Rivoluzione scientifica che sfociò poi nei duecento anni successivi in quella industriale con lo sviluppo delle energie e della locomozione. L'industrializzazione ebbe un notevole impatto culturale in senso capitalistico e si andò evolvendo grazie a notevoli altri apporti scientifici fino ad approdare al XX secolo con veri fenomeni che coinvolsero le masse come il cinema, la televisione, l'automobile. Chi avrebbe mai pensato che in poco più di tre secoli, nel 1969, saremmo arrivati a camminare sulla Luna? Invece, l'uomo l'ha fatto e poco dopo ci saremmo nuovamente stupiti con la rivoluzione del XXI secolo: quella della comunicazione! L'informatica nacque in fatiscenti scantinati ed ebbe, da subito, una crescita esponenziale. Grazie ad internet, i PC divennero presto protagonisti nel settore industriale e informativo per poi esser presente capillarmente in ogni casa, ufficio, auto. Ormai ogni

persona porta con sé il suo Smart device "all in one" perché considerato sempre più indispensabile oggetto di vero e proprio culto. La rete sta permettendo la creazione di economie parallele tramite valute digitali che impatteranno duramente sulla convenzionale. Non sappiamo cosa ci riserverà il futuro prossimo ma certamente la tecnologia la farà da padrone. Probabilmente la prossima rivoluzione sarà quella della robotica e cibernetica con la creazione d'intelligenze artificiali che forse soppianteranno ….."Tonyyyyy"! Per fortuna mia moglie mi cercò con incredibile tempismo e fu tempo di tornare in camera per prepararsi alla cena in stile messicano!
Hai carpito cosa ho cercato di farti comprendere con questo preambolo? Semplicemente che l'uomo ha attraversato diversi cambiamenti, trasformazioni e si è dovuto adattare e ciò ha permesso a migliaia di persone, prima di altre, di arricchirsi all'inverosimile cavalcando l'adattamento in atto, spesso non popolarmente compreso. Anticipare i trend, come in finanza, è uno dei sistemi che garantisce opulenza a coloro i quali hanno avuto l'ardire di osare prima di tanti altri.
L'esperienza caraibica ha posto le basi alla creazione di questo libro grazie agli appunti che stilai a bordo piscina, tra un cocktail e l'altro!

Con un flashback, rammento come se fosse ieri quando iniziai a utilizzare il Commodore come consolle di gioco e chi dimentica quello stridulo e strano rumore di connessione del modem a 56K. Più navigavo e più ne avevo voglia perché divenivo sempre più bravo! In questo periodo mi ritrovo a utilizzare Imac a schermo gigante, consecutivamente a portatili connessi a smartphone di ultima generazione per tenere sotto controllo quella che io chiamo "la mia rete mediatica". Internet e pochi altri esempi, potrebbero tranquillamente permettere di tradurre una tua passione in un qualcosa di lucrativo e **automatizzato**! Significa che lo sforzo deve essere rilevante soprattutto all'inizio, come vedremo in avanti, per poi poterti garantire entrate automatiche (dette Passive) in base al tuo talento e ai tuoi obiettivi.

Tornando a noi, traspare abbastanza chiaramente che tu sia alla ricerca di un sistema alternativo di guadagno con la rete, altrimenti non credo avresti acquistato un libro come questo! Partiamo, quindi, dal presupposto che io non ti conosco, non so nulla della tua età, le tue propensioni, le tue capacità, i tuoi ambiti d'interesse, i tuoi studi. L'unica certezza che ho nei tuoi confronti è che tu abbia almeno un PC/Mac e una linea Internet per operare, ma per il resto non posso risolvere le tante discriminanti che dovrei conoscere per assecondare meglio la tua ricerca. Per tali ovvi motivi, dovrò cercare di spaziare quanto più possibile per offrire valore a tutte le categorie di persone che consulteranno questa guida.

Questo è uno strumento assimilabile a una bussola che ha la presunzione di volerti orientare nel vasto oceano del web, dove sono annidate opportunità attagliate alle tue capacità e peculiarità specifiche! Ho iniziato a scriverlo *"per essere l'occasione più grande per qualcun altro"*, proprio ciò che avrei voluto avere ai miei venti anni ma che tu comodamente hai ora tra le mani o che leggi sul tuo device.

Al momento del lancio, non vi è nulla di simile in circolazione. Molti annaspano nell'universo dei www, dissipando tempo ed energie con informazioni gratuite, spesso taroccate, fuorvianti, incomplete, indecenti tratte dal web. Tu hai deciso di formarti dopo esserti informato ed essere arrivato a me. Ne sono davvero lieto ma sappi che il passo successivo sarà quello di somatizzare queste nozioni per prepararti a scendere in campo con l'azione consapevole. Le conoscenze non servono a nulla se poi non sono tradotte in qualcosa di concreto!

Non sono nuovo a queste imprese, l'ho già fatto in altri ambiti con altre mie opere e visto che è l'esempio a far muovere i nostri simili, in me troverai la dimostrazione vivente di ciò che insegno. Infatti, ritengo di aver accumulato una certa esperienza in questo settore e cercherò di metterla a tua completa disposizione per provare a migliorare qualcosa nella tua quotidianità, come già ho fatto con le centinaia di persone che sfoggiano orgogliosi i miei libri nelle proprie biblioteche!

Soffermandomi alla rete e al fenomeno dell'online (termine anglosassone che indica di essere "in linea" cioè collegati a Internet), posso affermare che sono molti i motivi di questo crescente fermento e interesse nei confronti del web come risorsa finanziaria e i metodi per guadagnare online sono sicuramente una scelta concreta per costituirsi delle buone rendite o per integrare un'entrata primaria.

Ti starai chiedendo già da subito se occorrerà un investimento! Ti rispondo dicendoti che le mie esperienze personali mi hanno portato negli anni a capire che l'investimento iniziale migliore che possiamo compiere in qualsiasi ambito, è assolutamente quello rivolto al nostro **miglioramento**, tramite l'apprendimento della reale consapevolezza in se stessi e l'elevazione culturale, secondo il mio più famoso motto: *L'investimento con il più alto tasso d'interesse è: la conoscenza efficace"*!

A CHI É DIRETTA QUEST'OPERA?

Quest'opera è destinata a te che sei una mamma e/o una casalinga, uno studente cui piacerebbe auto mantenersi, un adolescente che volesse iniziare a produrre qualcosa (dopo aver terminato di studiare), un imprenditore alla ricerca di una svolta ad alta crescita, un lavoratore dipendente che cerca di arrotondare, ecc. Nei prossimi capitoli c'è qualcosa che certamente asseconderà le tue attese. Che tu abbia un PC, un MAC, un Tablet o uno smartphone di qualsiasi tipo, poco importa perché ormai non è più un limite. L'unica limitazione è il non voler imparare perché l'avvento d'internet ha ormai decretato che essere ignoranti è una scelta personale perché non hai più scusanti, hai un'enciclopedia universale nella tua tasca, nel tuo smartphone, accessibile con pochi euro al mese di connessione alla rete. Ci sono decine di modi legittimi per fare un grande reddito anche in mobilità o in qualsiasi parte del mondo. Ti ripeto, non ci sono più limiti tecnologici, temporali e geografici. Cercherò di agevolarti nella ricerca delle caratteristiche più attagliate agli eventuali utilizzatori dei business ma dovrai tenere conto che trattasi di dati in evoluzione continua che aggiornerò nel corso di prossime ed eventuali edizioni!

"Ho cercato di estendere più possibile l'audience di questo libro per aiutare quante più persone possibili"!

01-COSA LIMITA LA GENTE A INIZIARE?

Prima ancora di intraprendere l'ideazione di quello che sarà il tuo viaggio verso una meta determinata, mi preme il volerti far comprendere i motivi secondo i quali la gente intorno a noi viva con il freno "tirato". Le prossime sono mie considerazioni personali, frutto di ben sei anni di lavoro trascorsi in ambito neuro-psichiatrico.
Ognuno di noi vive **il cambiamento** nell'esperienza quotidiana, in maniera differente. I mutamenti sono intorno a noi, li viviamo ma spesso non ce ne accorgiamo neanche. Questa temibile parola attiva sensazioni sgradevoli anche se ciò dipende dal significato che ognuno di noi gli attribuisce. Per molti cambiare significa ripartire, ricostruire ed è ovvio che sia associata alla più grande limitazione umana: **la paura**! I più consapevoli, i più maturi, danno al cambiamento un significato più vicino alla crescita, maturazione, elevazione e per tale motivo non viene rigettata ma, anzi, viene ricercata perché conferisce un'avvincente sfida contro se stessi. Cambiando la sola percezione di un vocabolo essenzialmente negativo con altri più positivi come progresso, espansione, molta gente ne avrebbe un giovamento istantaneo. Operando questa forma di "restauro mentale", potrebbe essere davvero un buon inizio per fronteggiare i timori e sconfiggere il demone nero paralizzante dell'imponderabile.
Ognuno di noi ha dei punti deboli che limitano la propria libertà d'azione. Ciascuno vive le situazioni in maniera diversa perché chiunque ha una differente "**mappa del mondo**", cioè un diversissimo bagaglio personale. In alcuni casi la paura ci aiuta alla pari di un meccanismo di difesa facendoci arretrare specie in situazioni nuove che non

sappiamo affrontare. Non vi è nulla di male nel provarla, si fatica ad ammetterla ma quando s'impara a dosarla, si oltrepassa questo limite umano e si diventa inattaccabili quasi come i "supereroi" della Marvel. Rammenta che ciò su cui ci focalizziamo diventa la nostra realtà! Noi siamo la risultante di ciò che pensiamo. La realtà ci si presenta per come siamo noi e non per com'è essa, infatti, è il significato che daremo a un evento a determinare la nostra reazione e non viceversa. La paura è il nemico più blasonato sulla strada del tuo successo. Nessuno vorrebbe fallire, nessuno rischierebbe di perdere soldi, la casa, l'affetto dei propri cari e per tale motivo sviluppa degli aculei psicologici difensivi che lo allontanano dall'autorealizzazione. Impara a scindere le paure reali protettive, dalle virtuali che sono solo inutili proiezioni mentali (es. vedo topi in TV e me ne spavento). L'unico rimedio alla paura è **l'azione**! Se la paura è immotivata e ne sei consapevole, smetti di pensarci e fai qualcos'altro, tutto qui! Facili soluzioni a problemi inesistenti! Da oggi in poi analizza tutte le situazioni in cui hai paura e verificane subito se reale o virtuale e saprai cosa fare. Ci vorrà dell'allenamento per "schermarti" ma se non inizi ora come potrai evolverti!

Poi ci sono **quelli che annaspano nel caos**, non sanno mai quello che vorrebbero fare e come attuarlo! Parti dal presupposto che il caos è ovunque in questa nostra società. Einstein disse che solo i geni hanno le scrivanie in disordine, come la sua. Hai mai visto uno studio d'artista in perfetto ordine? Mai! La vita è caotica e se cerchi di dargli un ordine certamente non ci riuscirai. Devi solo imparare a cavalcare come un surfer sull'onda che ha sempre desiderato. Se hai tutto in ordine, cioè non hai dubbi o problemi da risolvere, probabilmente non stai andando al massimo. T'insegnerò alcuni trucchetti per mettere le redini al caos per poterlo montare come un perfetto cow-boy! Ti anticipo solo che ci vorrà una formazione costante, una strategia risolutiva e il giusto mindset, perché con l'improvvisazione, senza la minima organizzazione, non si può avere successo online e nella vita!

Dove mettiamo coloro i quali **non trovano mai tempo**? Tutti abbiamo ventiquattro ore in un giorno, anche chi quotidianamente cerca di cambiare il mondo. Il problema è che non sai organizzarlo! Analizza la tua giornata media: otto ore di sonno obbligatorie, otto ore di lavoro primario e otto ore di "libertà vigilata" e non riesci a trovare un'ora per te? L'ora d'oro tutta tua, come la chiamano diversi motivatoti, andrebbe divisa in tre sezioni da venti minuti ognuna: attività fisica (flessioni, plank, yoga, ecc.); lettura o video o audio, l'importante è la crescita continua; pianificazione della giornata o la prossima per avere degli obiettivi da raggiungere in agenda, sempre! Un giorno senza obiettivi non è vita ma sopravvivenza! Non hai tempo per cambiare in meglio la tua vita? Lascia stare questa lettura ora che sei ancora all'inizio! Nessuno ti regalerà nulla, dovrai alzarti le maniche e focalizzarti al massimo se vuoi davvero ottenere qualcosa di diverso!

Poi, abbiamo l'esercito del **"non ho denaro!"**. Se non modifichi la tua mente settandola in modalità "Budgeting", i soldi non li avrai mai! Se la tua limitazione principale è questa, ti consiglio vivamente di leggere il mio Bestseller *"Risparmio Accantono Investo Guadagno"* il cui solo titolo è un programma di ciò che potrai imparare in sole due ore di lettura. Il segreto è risparmiare un minimo per l'avvio per creare un volàno che ti garantirà, in seguito, la copertura dei costi di gestione degli strumenti! Nel capitolo "*I tuoi primi 100€*" condividerò degli strumenti che potranno farti guadagnare da subito in maniera anche relativamente semplice.

Scendendo in altro girone, troviamo **chi non ha un prodotto valido** e asseriscono che su internet c'è già tutto. Niente di più sbagliato! Sono solo scuse che diamo a noi stessi perché l'attuale è il periodo più florido degli ultimi secoli. Ti preavviso che il prodotto potrebbe essere tuo o anche no! Potresti vendere senza problemi, in affiliazione, prodotti altrui con grandi percentuali di ritorno! Una vera grande sfida contro te stesso sarà la ricerca del primo cliente utile e chiudere la vendita. Su questo dovrai focalizzarti da subito, non su cose inutili e inesistenti. Ti farò capire prioritariamente che la competenza principale (Skill) da apprendere sarà il marketing. Potresti avere anche il prodotto migliore che è sul globo ma se la gente non lo sa, non venderai nulla! Qualsiasi cosa tu decida di scegliere dovrai migliorare subito il riconoscimento sociale perché il visitatore, giustamente, non si fida di nessuno. Come? Elevando l'interazione (Engagement) con te o con ciò che pubblicizzi! Infine, se vuoi esser percepito come un "diverso", dovrai scegliere la tua nicchia, fare e produrre cose diverse da tutto ciò che vi è in giro così da essere il numero uno in quella determinata cosa che fai! Ti sto dicendo troppo, mi fermo qui!

Ho paura che mi copino! Ma venghino Signori, venghino! Se mi copiano, sarà un grande onore per te, perché sarà il segnale di aver fatto un ottimo lavoro e qualcun altro vuole approfittare del tuo successo! Solo i migliori, i numeri uno sono copiati, non i secondi o gli sfigati! Anche tu, dovessi avere dei problemi procedurali dovrai vedere cosa fanno chi è migliore di te per esserne stimolato a fare meglio! Devi sempre progredire, migliorare con esperienze che si andranno a cumulare giorno per giorno. Complimentati con te stesso, sempre! Ti darà la carica a fare sempre di più e meglio! I parassiti, chi cerca le scorciatoie, sono tantissimi, non ti curar di loro, non aggredirli perché indirettamente ti faranno pubblicità. L'innovazione è un qualcosa che deve appartenerti per attagliare un prodotto o servizio agli aspetti negativi che i tuoi clienti ti segnaleranno o che tu cercherai costantemente.

Non conosco l'inglese! Davvero? Sei cittadino del mondo in piena e fervente globalizzazione e conosci solo l'italiano e magari il tuo dialetto? Incredibile! Questa potrebbe essere la prima grande sfida da vincere contro te stesso. La maggior parte delle opportunità è di derivazione anglosassone e non conoscendo la lingua, sinceramente parti in maniera svantaggiata rispetto alla concorrenza. Il viaggio verso la tua crescita personale dovrà passare anche da questa fermata per renderti conto che gli USA e gli UK sono avanti di un ventennio rispetto a noi e valutare business che in detti posti sono consolidati, potrebbe significare trasferirli in Italia con notevoli benefici per le tue tasche! Un buon inizio è quello di scaricare un App tipo *Babbel* o *Duolingo* sul cellulare e compiere una lezione ogni giorno. Metti te stesso in modalità "acquisizione dati" e prendilo come un divertimento, mai come un obbligo! Potrai arrivare, in qualche mese, a seguire la TV con sottotitoli in inglese o viceversa, tutto sta nell'iniziare e nel farlo abitudinariamente e poi, chissà, potrai anche coronare un tuo viaggio all'estero per perfezionarti.

Cercavo qualcosa di stabile! Scordatelo! Con un'evoluzione così vorticosa, non puoi programmare oltre i tre anni e devi chiederti se la tua attività servirà ancora tra dieci anni! Una cosa che gli imprenditori attuali non hanno ancora compreso e che se non innovano continuamente la propria attività, potrebbe chiudere prematuramente! Non puoi pensare di fare un solo lavoro ma devi creare molteplici rendite in settori diversi, almeno cinque, perché se malcapitatamente uno di essi dovesse prosciugarsi, avresti gli altri per sopperire abbondantemente alle tue esigenze. Esser allenati al cambiamento, anche in corso d'opera, farà di te un supereroe imbattibile. Le conoscenze e le competenze dell'imprenditore in quello che fa, decreteranno l'immortalità dell'Azienda.

Vorrei rimanere anonimo! La tua identità è una tua responsabilità e la puoi modellare come meglio credi. Una cosa è certa: nell'immenso oceano del web, la gente è accomunata da una prima caratteristica: la carenza atavica di fiducia! La gente non acquisterà i tuoi prodotti ma essenzialmente comprerà prima te, per ciò che sei, per come appari competente, serio, empatico. Coloro che acquistano a scatola chiusa stanno scomparendo e se non avrai pensato a costruirti un'idonea identità mediatica, scomparirai insieme a essi. Questa capacità la svilupperemo nel *"Branding"* per divenire il numero uno in ciò che vorrai fare! Inizierai un percorso differente, rideranno di te, poi ti denigreranno, ti combatteranno e poi finalmente ti rispetteranno quando vedranno i tuoi risultati, frutto di competenze acquisite e motivazione incrollabile. Il corpo di un ginnasta è diverso dal comune, con la pratica costante si trasforma per essere ottimale nella gara sportiva. Allo stesso modo, ciò che tu farai o creerai nella vita, ti plasmerà di conseguenza.

Non ho la Partita Iva! All'inizio non ce ne sarà bisogno! Sia tu un disoccupato o un dipendente pubblico o privato, questa non rientra tra le prime preoccupazioni che dovrai affrontare. Affronteremo meglio quest'argomento nell'apposito paragrafo dell'inquadramento fiscale!
Infine, rammenta che la palestra della vita è sempre aperta! Non si finisce mai d'imparare perché sembra che non basti mai. La vita è un continuo apprendere e il miglior maestro è chi è rimasto sempre un allievo! Spero che queste riflessioni ti siano state utili quanto lo sono state per me nel raccoglierle, ordinarle e scriverle.

"Per molti cambiare significa ripartire, ricostruire ed è ovvio che sia associata alla più grande limitazione umana:
la paura!".

02-HAI IL GIUSTO MINDSET?

Il viaggio verso la tua realizzazione dovrebbe essere interpretato come un percorso da compiere nell'oceano smisurato, a bordo di un'esile zattera! Non aver paura perché come spiego bene nell'ultimo capitolo del mio libro sul risparmio (che ti consiglio di acquistare, leggere e scaricarne gli allegati perché questo ne è una diretta conseguenza), la partenza deve necessariamente avere il giusto mindset, una regolazione mentale aperta grazie alla giusta motivazione e deve poter rispondere a delle tue profonde domande interiori, quali: perché voglio partire (motivazione), dove voglio arrivare (obiettivo), quando voglio arrivarci (pianificazione temporale delle tappe)!
Il giusto punto di partenza di una qualsiasi ricerca nasce appunto da un grande ideale, **un forte perché**, un grande motivo che t'indurrà a farlo bene e che diventerà un'inarrestabile forza motrice, il volano che permetterà di non fermarti mai neanche dinanzi alla più grande difficoltà. Il perché è direttamente proporzionale alla spinta propulsiva. Un grande perché ti porterà lontano, anche fin sulla luna. Il nemico naturale al raggiungimento dei tuoi sogni (che non sono altro che degli obiettivi scritti con una scadenza) sono: il fancazzismo, le dispersioni di tempo, le notifiche dei social, il divano, le consolle, *Sky* o *Netflix* e i tuoi finti hobby non remunerativi neanche sotto il punto di vista psico-fisico. Devi essere consapevole d'iniziare un viaggio con un piccolo zaino con poche importanti cose all'interno, come:
-Determinazione, caparbietà, voglia di distinguersi e focalizzazione;
-Definizione chiara della destinazione da raggiungere.

Se mancheranno questi due fattori decisivi, ti avviso già da ora, lascia stare, non riuscirai nel tuo intento! Ho esaminato circa 350 esperienze di vita di persone di successo, ed ho scoperto che ciascuna di esse aveva una meta nitida all'orizzonte, uno scopo primario, un desiderio ardente ben definito (non una semplice aspirazione) e un piano in tappe per raggiungerlo cui hanno dedicato ossessivamente la maggior parte dei loro pensieri e delle loro energie quotidiane, senza dissipazioni in futilità.

Organizzando le informazioni che potrai trarre in questa guida e imparando a canalizzare il tuo potenziale, il tuo talento, potrai generare la forza necessaria per raggiungere la meta prefissa. La cosa che ritengo davvero fondamentale, lo ripeto, è la **chiarezza negli obiettivi**, mete che devono essere molto ben delineate nel tuo binocolo e ben raggiungibili. Questa nitidezza genererà maggiore autocontrollo, concentrazione sugli sforzi, più fiducia in se stessi con maggiore spirito d'iniziativa, tutte qualità che ti avvantaggeranno verso i competitors. Questa grande consapevolezza di se stessi, ti farà sentire come Superman che non è disposto neanche a fermarsi dinanzi alla paura, alla critica, al fallimento!

"..la chiarezza negli obiettivi deve essere molto ben delineata nel tuo binocolo!".

03-METODO PI-PRAC: Penso e Idealizzo!

Una mia personale idea di business parte sempre da quella che io chiamo "la triade al successo", cioè: **informazione, formazione specifica, azione istantanea**! Siamo costantemente bombardati da input di ogni tipo ma accade sovente che qualcuna di esse, solletichi la nostra curiosità. Personalmente, per tenerne traccia e non dimenticarmene, ne faccio sempre uno screenshot cioè una foto del display dello smartphone, e che trasferirò poi, in una determinata cartella, chiamata "progetti", trattandosi di un qualcosa che dovrò approfondire in seguito, quando avrò tempo morti per farlo. Finirò un giorno per aprire la cartella, saggerò la fonte e la veridicità dell'informazione, e penserò a cosa farne destinandola alla mia piattaforma di Piano editoriale che vedremo in avanti. Questo processo primario non ha fatto altro che portarmi a pensare! Il pensiero è il primo assoluto passo all'ideazione, cioè alla concretizzazione mentale di una bozza di piano. Sembrerà banale ma standardizzare uno svolgimento mentale nel quale incanalare le tue idee, ti darà più concretezza e più efficacia in futuro. L'intero processo di progettazione è riassunto in un acronimo di mia modesta invenzione: **PI-PRAC**! Fai attenzione a questo prossimo ragionamento: grazie a informazioni di qualità, **Penso** e solo così **Idealizzo** e tramite un progetto mentale basilare, **Pianifico** per iscritto (Business Plan) perché credo di poter procedere a uno studio di fattibilità, che utilizzi le mie **Risorse**, derivate dal proprio background o sviluppato tramite formazione specifica. Terminata la fase prettamente progettuale, passo prematuramente all'**Azione istantanea**, focalizzandomi e impegnandomi seriamente al raggiungimento di obiettivi cadenzati e frammentati almeno nei prossimi tre anni, nei mesi, nelle settimane e nei giorni futuri. Ogni giorno dovrò avere un obiettivo specifico e un motivo di vita. Infine, effettuerò dei **Check**, dei controlli per verificare che il tutto funzioni a dovere, magari con aggiustamenti. L'ultima azione consisterà nel ricollegarmi nuovamente all'Ideazione, ricominciando il giro! Ho pensato che fosse inutile sviluppare fin da ora il processo e per tale ragione, in questa prima parte, darò le informazioni necessarie per cercare esclusivamente di farti accendere la lampadina nel cervello. Il resto lo troverai nel proseguimento dei capitoli. Quindi, tutto il processo inizia pensando a un'idea che possa rivoluzionare le tue finanze per poi incanalarla in un metodo predeterminato. Tutto qui!

Partirai oggi alla ricerca della tua unicità perché il distinguersi è davvero importante per emergere sul web! Ti sembra difficile? Non lo è per nulla! Devi solo selezionare una o più opportunità tra le molteplici che troverai da ora in avanti e tutto verrà di conseguenza. Fidati di me!

"Avere un metodo ripetitivo che funzioni è davvero il primo passo verso la costruzione efficace di qualsiasi cosa"!

04-COME INIZIARE ALLA GRANDE?

Come presto costaterai, questa guida annovera tra i suoi propositi, quello di cercare di aiutare l'internauta nello scoprire idee e propensioni naturali per quanto concerne la creazione di valore tramite il web!

Un incredibile errore che potresti compiere, è quello di non essere consapevole che la società contemporanea ci condiziona in tutto. Ci permette di vivere come se avessimo la testa in una scatola. I nostri genitori, cresciuti in questo marasma, ci martellano per esser bravi a scuola e conseguire ottimi voti per ambire a un ottimo stipendio fisso, magari lavorando alle dipendenze di qualcun altro forse meno Smart di te, per ben quarant'anni di schiavitù, con una famiglia a carico che fa lievitare i costi, dove sei obbligato a correre sempre più forte nel cerchio del topolino fino alla tanto sperata pensione, decurtata del 40%. Questa è la vita che auspichi? Noooo! Per rivoluzionare in positivo la tua esistenza in questo periodo storico, non basta più "**essere capaci**" ma bisognerebbe avere a disposizione dei validi canali informativi, uniti a uno spirito **proattivo** (andare ben oltre il semplice spirito d'iniziativa), un metodo testato, un idoneo mindset, un'idea illuminante e una buona dose di nozioni.

Sarò franco dall'inizio, ho inserito molteplici opportunità che non rispondono ai miei canoni, ma magari potrebbero rispondere bene ai tuoi e per questo motivo che le ho ammesse alla trattazione. Domande tipo: hai già un lavoro primario? Quanto vorresti guadagnare? Quanto tempo hai a disposizione? Potresti investire delle cifre in denaro? Ritengo siano basilari per convogliare il tuo interesse su alcuni sistemi ed escluderne altri. Te ne accorgerai con la lettura che ovviamente è organizzata e distinta in macro e sotto gruppi per conferirti quanta più specificità sia possibile.

Per iniziare alla grande, diffida da subito da chi ti promette di farti arricchire in poco tempo, perché probabilmente usa metodi forse anche geniali, ma che non si adattano a tutti e forse solo agli stessi ideatori e pochi altri fondatori! Per darti un aiuto concreto, ti esorto a ragionare su questi prossimi consigli dati dal "buon padre di famiglia" a un proprio figliuolo:

-Poni al centro di tutto il sistema solare sempre e **solo te stesso**, l'unica persona di cui fidarsi, l'unica che potrai riuscire a modificare per migliorare;

-Limita le spese inutili e arricchisciti dapprima con continue e sempre nuove competenze;

-Condividi, se puoi, le informazioni migliori con uno dei tuoi amici perché due cervelli, ragionano meglio di uno solo, specie all'inizio;

-Aiuta gli altri e per la regola della reciprocità, riceverai aiuto da essi perché la gente è stimolata a restituire il favore;

-Costruisci un accurato piano di business iniziando dal tuo obiettivo, progettando la tua prima rendita (diversa dal guadagno) indipendente, rispondente ai bisogni e/o desideri della gente;

-Pensa e/o produci un qualcosa di accattivante e innovativo e sarà il cliente a cercare te;

-Prima di lanciare una qualsiasi cosa, crea una community, elevane il numero di followers per una riprova sociale, sviluppa il tuo Brand (logo e marchio) per poi interagire attivamente;

-Con i primi introiti comprenderai che il denaro deve lavorare per noi e non lavorare per esso!

-Investi in attività, che non richiedono la tua presenza fisica o che siano automatizzabili, perché solo così potrai moltiplicarle senza più lavorare;
-Sfrutta da subito ciò che ritieni di saper fare meglio di molti altri per ricevere le prime soddisfazioni;
-Cerca sempre nuove occasioni e ricorda che quando un affare è in prima pagina, è già tardi per attivarsi;
-Eleva la tua educazione finanziaria perché tutto transita attraverso la gestione dei soldi;
-La colpa della tua situazione finanziaria, è solo tua;
-Trova fonti di finanziamento alternative alle banche;
-Le scuse che hanno effetto paralizzante sugli altri, come la **crisi**, che è un vespaio di opportunità da cogliere, basta sapersi guardare attorno con occhio critico e usare qualche sotterfugio mediatico per vedersi aprire almeno "cento business online"!

Vorrei terminare questo paragrafo con una semplice **domanda interattiva** cui gradirei tu possa dare risposta, mettendo in pausa e pensandoci un pò: scrivi su di un foglio, qual è quell'attività che eserciteresti volentieri anche per diverse ore il giorno e che sei sicuro che non ti possa mai pesare?

___

Non barare, pensaci davvero e scrivila ora. Nel prossimo paragrafo confronteremo le opinioni per appurare o meno la convergenza col tuo pensiero!

"Le idee migliori non vengono dalla ragione, ma da una lucida, incosciente e visionaria follia."

05-RIPARTIZIONE DEI BUSINESS

La maggior parte degli affari presenti in questa guida sono attività part-time personalizzabili, effettuabili in pochi minuti o in poche ore, nella sicurezza della propria abitazione, in mobilità o dove ritieni più opportuno farlo, grazie ad un accesso internet. Non tratterò solo business strettamente online ma anche tutti gli altri che approfittano della rete per il reperimento di possibili clienti.

Consideratane l'importanza, vorrei ora iniziare rispondendo alla domanda che ho posto nel paragrafo precedente dalla cui risposta comprenderai un principio assoluto, attorno alla quale, questa guida è stata progettata: Qual è il lavoro che non ci stancherebbe mai? **Assecondare le nostre passioni**, i tuoi hobby, tutto ciò che ti attrae davvero fare, che non ti peserebbe mai, che ti concede solo soddisfazioni, che ti piacerebbe condividere con chi esercita come te, per imparare a svilupparla insieme! Ho centrato? Era ovvio! Questo è successo a me personalmente. Anni fa, a tavolino, cercai di capire quali fossero i campi in cui mi sentivo più portato, quelli che mi davano più piacere nell'esercitarli. Ho primariamente verificato che ci fosse del vivo interesse in quelle determinate nicchie e ho iniziato a produrre in materia di finanza personale già nel 1998, sul fenomeno internet nel 2000, sul Forex nel 2013 con un completo infoprodotto tra i primi in Italia, sulla finanza personale nel 2016 (Bestseller) sul bitcoin e criptovalute nel 2017 (Bestseller), passando per una buona dose di sano e necessario buonumore nel 2018. Ti basterà andare su Amazon e digitare il mio cognome per renderti conto del fatto che ho realmente concretizzato le mie passioni in apprezzati libri in diversi formati e lingue, coperti da copyright che generano e genereranno royalties di tutto rispetto, anche quando non ci sarò più, per il sommo piacere dei miei fortunati eredi!

Attenzione, questa non vuole essere una presuntuosa autocelebrazione, ma vorrei che comprendessi che il miglior maestro è l'esempio che deriva dai fatti e non dalle sole chiacchiere presunte senza un riscontro reale e ponderabile. Sono davvero fiero di consigliarti le mie esperienze, tradotte in fiorenti attività online che generano rendite automatiche, senza la mia presenza.

Nota bene, I business sono stati inseriti seguendo una classificazione in base alla difficoltà, iniziando dai più semplici, salendo via via verso i top nei quali è auspicabile l'acquisizione di competenze specifiche anche in **outsourcing** (fonte esterna) cioè corsi a pagamento o consulenti, con notevole risparmio di prezioso tempo, per moltiplicare il tuo investimento! Affronterò molteplici tipologie di fonti di guadagno, derivate da:

-lavoro attivo primario;
-competenze acquisite;
-lavoro passivo secondario;
-strumenti a reddito fisso per interessi e cedole;
-dividendi e Capital gain;
-deduzioni e detrazioni fiscali (Crowdfunding);
-royalties;
-affitti e noleggi;
-compra-vendita;
-illimitati da impresa!

"Le idee sono state ripartite dalle più semplici a quelle più complesse che necessitano di alte competenze"!

Idee e competenze!

Sovente mi avvicinano chiedendo cosa poter realizzare, visto e considerato che il mercato è saturo! Saturo? A parte queste fantasiose teorie che denotano solo alibi, scuse che le persone inventano per non accollarsi le proprie incompetenze, non è una questione di penuria di opportunità, ma di mancanza di vision. Tu sei in cerca di giustificazioni o di opportunità?
Dovrai solo domandarti cosa sai fare, quali propensioni potresti sviluppare, e applicare la prima legge del marketing! Tutto ciò che ideerai, potrai realizzare tramite ciò che **Einstein anteponeva addirittura al talento**: una viva fantasia, immaginazione!
Con la lettura, ti renderai conto quanto è vasta l'enciclopedia universale d'internet e che le possibilità per monetizzare sono davvero tante! Pensa e idealizza quali potrebbero essere più attagliate alle tue caratteristiche per la costituzione di un tuo business. In seguito, un minimo di formazione specifica ti metterà il turbo all'azione efficace. **Scusami la ripetitività** ma è voluta perché solo così questi concetti di base potranno formare i veri saldi pilastri alla costruzione di un business, o più di uno davvero consapevoli e duraturi!
Un ulteriore consiglio prima di iniziare: ho distinto molti business in macro aree e per agevolare le tue ricerche. Ho inserito molti nomi di siti e piattaforme ma dovrai tener presente che, considerata l'alta competitività, molti salgono ai primi posti nelle ricerche e molti addirittura scompaiono nel giro di qualche anno. Una volta individuati i business primari che ti piacciono di più, t'invito a formarti specificatamente con ricerche selettive per capire quali siano i top del momento con cui abbracciare l'opportunità!
Inizierò, quindi, con il farti comprendere come funziona la

Società contemporanea, tramite il grande errore nello scambiare il tuo tempo col denaro che in gergo si chiamano Active income, cioè rendite da lavoro attivo, in presenza!

Poi, nel prossimo capitolo transiteremo al "Come elevarsi a un livello superiore", introducendo quelle che saranno le vere soluzioni ai tuoi problemi, cioè le "Passive income", le rendite da lavoro passivo, ottenute in tua assenza.

In un successivo capitolo, tratterò i passi intermedi per arrivare alle rendite passive, tramite la monetizzazione delle competenze, esperienze, talenti personali, che rappresenteranno una vera fucina di idee per la tua crescita.

Infine, inizieremo il capitolo riguardante la vendita che darà modo alle tue idee di concretizzarsi in veri ed apprezzati business, in continua escalation verso la costituzione di un'impresa!

Allaccia la cintura, ora inizia il bello!

"La risorsa più importante che abbiamo? Il tempo! Il tuo obiettivo sarà quello di Automatizzare le tue competenze in entrate passive ed automatiche"!

Scambia il tuo tempo col denaro (Active income)!

La società contemporanea, il nostro ambiente, i nostri genitori e il nostro background, ci hanno inculcato che a scuola bisogna essere bravi e ottenere buoni voti, perché solo così ci potremo laureare e ottenere un buon posto dove lavorare quaranta ore a settimana per quarant'anni per ricevere uno stipendio fisso, come il bastone e la carota. Un pò di ferie ogni tanto per uscire dalla soporosa vita quotidiana e forse un giorno, a settanta anni, si andrà in pensione con il 40% dello stipendio! Tu pensi che questa debba essere la tua vita? Perché scambiare il tuo tempo, la tua risorsa più importante e limitata, per una manciata di Euro? Non ci credo che sia proprio così, dov'è la fregatura?

La fregatura è proprio questa! Svegliati!
Finché scambierai tempo per denaro, il tuo reddito sarà sempre da fame. Per avere la reale percezione di quanto vali, dividi il tuo stipendio mensile con le ore che svolgi realmente e quello sarà il valore che ti è attribuito! Le ore in cui potrai lavorare sono limitate in ogni giornata perché dovrai anche pensare a te stesso, alla famiglia, a dormire. Come si potrebbe fare per cambiare questo stato di cose? Te lo elencherò ma solo dopo aver terminato questo paragrafo. Oltre ai molteplici esempi di lavori a stipendio, vorrei spiegarti qualche esempio di lavoro "attivo" nel quale si scambia il tempo per denaro per farti comprendere a cosa sarai destinato anche con le tue eventuali due lauree, se non metti in moto un metodo che punti su te stesso e la costituzione di più rendite "passive"!

Bonus con semplici sondaggi

Iniziamo con un'attività nella quale non servono particolari competenze ed esperienze e per tale motivo è anche adatto ad adolescenti, seguiti dai genitori. Questo sistema permette di guadagnare rispondendo a dei **sondaggi online** (*Survey*). T'iscrivi a uno dei molteplici servizi inserendo i tuoi dati e i tuoi interessi ma non ti scoraggiare perché all'inizio la cosiddetta profilazione sembrerà interminabile a causa della tua accurata radiografia per attagliare i sondaggi ai tuoi interessi. Da quel momento in poi ti arriveranno mail dei link in cui sono presenti delle domande a opinione aperta, sondaggi a risposta multipla, o dovrai esprimere considerazioni su prodotti/servizi. Sarai pagato una cifra indicata che oscilla da qualche centesimo a qualche Euro, secondo la lingua e quanto articolata e complessa è la prova! Sono molti i portali efficienti, pagano tramite PayPal o meglio se con carte regalo *Amazon – i Tunes - Starbucks* e similari per aggirare i problemi fiscali derivanti dai pagamenti. Non avrai obblighi di collegarti in determinate ore ma potrai "esercitare" nel tuo tempo libero. I migliori servizi sono in **lingua inglese** ed è sempre un'ottima opportunità per perfezionare l'utilizzo della lingua. Potrai provare *Harris poll online* della famosa Nielsen, *Ipsos panel* con pagamenti su PayPal, *Swagbucks* tra i preferiti dai ragazzi, *Inbox dollars*, *Global test market*, *Mysurvey*, *Survey Junkie* tra i più grandi e stimati al mondo ma destinato ai maggiorenni. Ovviamente, la maggior parte di questi siti hanno App per l'utilizzo in mobilità!

Affiliazioni online

Conosco un giovanissimo ragazzo che ha iniziato con un suo blog nel quale insegnava con dei tutorial in alcune nicchie, a sistemare determinate cose con dei semplici passaggi. Al termine di ogni articolo consigliava e inseriva i link di ciò che aveva utilizzato per l'eventuale acquisto su Amazon. Ogni link degli articoli consigliati era stato generato in "affiliazione", dopo essersi semplicemente registrato nell'*Amazon affiliate program* che è il più popolare tra altre decine di famosi portali che vendono grazie a milioni di post di affiliati volontari. Il programma permette di guadagnare commissioni sulle vendite generate dal visitatore e cliente finale. Nel portale dell'affiliato, installando un semplice widget, potrai individuare un prodotto in offerta direttamente su Amazon, generare poi un link con un tasto che comparirà in alto e semplicemente incollarlo in uno dei tuoi spazi social (pagina Fb, articolo del Blog, Instagram, il gettonatissimo Telegram, WhatsApp, ecc.) e il gioco è fatto! I prodotti si vendono da soli e tu intascherai mensilmente le commissioni generate o carte bonus per eseguire acquisti. Per vedere come strutturarlo, basterà assimilare qualche tutorial su *Youtube*!

Tester a pagamento

Non hai voglia di fare sondaggi, ma ti piace navigare sul web? Molti portali pagano per provare le loro applicazioni, per visitare i propri siti web, le loro App, i loro giochi e dare loro un feedback, coscienzioso e retribuito. Realizzare un video in anteprima sarebbe meglio così da spararlo poi su *Youtube* al momento del lancio del prodotto che tu hai già testato e forse apprezzato! I siti migliori a livello internazionale sono *Usertesting* e *Testbirds*, provali e potresti avere le prime soddisfazioni lavorative, per gioco!

Visiona video

Ci sono portali che permettono di accreditarti dei punti solo visionando dei video pubblicitari, trailer di film e fare brevi ricerche di mercato. Pagano poco ma pagano anche con bonus. Richiedono un'età minima anche molto bassa così almeno potresti imparare a usare il PC non solo per perdere tempo. Pensa che molti portali del genere, concedono anche bonus d'iscrizione per ogni amico che riesci a far registrare in essi. Uno dei migliori siti internazionali è *Swagbucks* e potrai accedervi, come quasi tutti, anche tramite App da smartphone. Questi siti rendono poco ma usandoli costantemente, potrai meglio comprendere l'importanza del risparmio e dell'accantonamento di denaro, finalizzato al successivo investimento in qualcosa di più lucroso!

Datti al sitting

Se ti piacciono i bambini e non andare fuori durante i fine settimana, diventa una **baby-sitter**. Pubblica la tua decisione a tutti i tuoi amici di Facebook e Insta e vedrai che conoscendoti saranno proprio loro a contattarti tra i primi o tramite il passaparola. Utilizzare i social per crearsi una pagina, potrebbe essere una buona idea. Dopo aver fatto un po' di esperienza, potresti proporti anche su circuiti allargati anche molto accreditati per diventare una travel sitter cioè una tata per accompagnare in viaggio i figli delle persone più facoltose, con notevoli ritorni economici e vacanze da sogno interamente pagate. Registrati su *Care.com* o *Sitly* per certificarti e farti raccomandare da recensioni!

Se invece, ami gli animali, allora perché non essere pagato per uscire con il cane o il gatto di qualcun altro, o tenerli nel fine settimana? Potresti diventare un **pet-sitter** con le stesse modalità del precedente e anche tramite lo stesso sito, oppure potrai specializzarti nel guardare esclusivamente cani altrui con siti come il famoso *Rover*.

Altra possibilità è data dal dover monitorare la casa di qualcun altro per qualche giorno! Sono chiamati accordi di **home-sitter**, e la gente paga perché, in sua assenza o a causa di difficoltà motorie, ha esigenze come innaffiare fiori pregiati, badare ad animali domestici, manutenzione quotidiana del giardino, ecc. Il lavoro ti occuperà per poco tempo al giorno e potrai curiosare in portali come *Msitting*, nei quali dovrai registrarti, dare disponibilità di tempo e attendere solo che nasca l'evenienza.

Noleggia un amico (Rent a Friend)

I social stanno determinando effetti davvero devastanti e paradossalmente, anche antisocial. Recenti ricerche hanno fatto emergere che più tempo si trascorre sulle piattaforme e più aumenta il rischio di sentirsi isolati, emarginati. Le amicizie reali attorno a noi continuano a diradarsi e molti influencer non sanno più con chi farsi fotografare. Questo genere di problemi si sono risolti a livello mondiale: con amici fake, amici in affitto. I siti che lo propongono sono davvero tanti, come *Rentafriend* e *Vice*. Ci s'iscrive gratuitamente e letteralmente si può "noleggiare" il tempo di una persona secondo i propri bisogni per farsi accompagnare in qualche festa, per scattarsi dei selfie insieme, un caffè o un the, incontrare un nuovo gruppo di amici, ecc. Il servizio costa all'incirca dai venti ai cinquanta Euro l'ora. Una regola inviolabile è che l'amicizia sarà sempre platonica e a tempo, mai a sfondo relazionale!

Il ragazzo delle consegne (food delivery)

Hai una bici o un piccolo motorino? Pensa a questo divertente tipo di lavoro specie se studi. Ti registri in alcuni ormai famosi portali (*Deliveroo, Glovo, Justeat, Foodora,* ecc.), ricevi un minimo di formazione, dai la tua disponibilità oraria, ti arriveranno gli alert sul telefonino, preleverai in borsa spalleggiabile, prodotti alimentari da ristoranti, McDonalds, pizze, articoli da minimarket, prodotti dall'Apple Store, raccomandate urgenti, ecc. e via con la consegna veloce! Potrai lavorare nei ritagli di tempo, quando non hai da studiare, e ti terrai anche in allenamento grazie alla tua bici. Guadagnerai qualche Euro a consegna più mancia (cerca di guadagnartela chiamando la persona, rendendoti simpatico, chiedendo se ha bisogno di qualcosa di specifico). Con l'esperienza, aggregherai più consegne vicine in un solo viaggio, introitando di più. Un mio conoscente l'ha fatto per due anni e mi ha confidato che le paghe non erano niente male! Qualora non avessi un mezzo di locomozione, potresti anche pensare di consegnare dépliant pubblicitari suddivisi in aree, da agenzie spesso assoldate dalla grande distribuzione locale. Ti servirà uno zaino capiente o un carrellino e tanta pazienza perché la gente non risponde proprio educatamente quando citofonerai a casa sua per farti aprire!

Ti rifugi nella Fortuna!

Molti di coloro che provano a costruirsi un qualcosa e si scontrano con le prime difficoltà senza un adeguato Mindset, credono che formarsi delle competenze sia troppo dispendioso in fatto di tempo e risorse, e seguendo i consigli di altri "cercatori di scorciatoie", approdano alla spirale del gioco. La Dea bendata ci ammalia con la sua lunga ombra nonostante il "Gioca responsabilmente". Le pubblicità cercano di reprimere o contenere il fenomeno ma, di fatto, troviamo Casinò ormai in ogni quartiere cittadino, centri scommesse, tabacchi pieni di maniaci del gratta e vinci compulsivo, lotterie, Superenalotto, Win for life. Il fenomeno è dilagante anche e soprattutto online che permette di auto dissanguarsi nella tranquillità della propria abitazione, senza accorgersene. Secondo te, quante probabilità hai di diventare agiato con la fortuna? Irrisorie davvero! Un jackpot alla lotteria avviene ogni 622 milioni di probabilità. Per la rendita di 4mila euro al mese con Win for life, bisognerebbe giocare oltre tre milioni e mezzo di combinazioni a un euro l'una. In questi ultimi anni è arrivata anche la moda USA del Texas Holdem, un vero e proprio sconvolgimento di massa per i pokeristi tradizionali. Ho amici che guadagnano anche 5.000€/mese con otto ore di lavoro al giorno al PC, su dieci tavoli differenti in contemporanea, ma dove c'è passione sai che non vi è fatica! C'è però sempre il rischio di non sapersi fermare al momento giusto e perdere rovinosamente tutto ciò che si è accumulato per mesi. Un altro fenomeno dilagante è il Betting, le scommesse sportive che vedono riempirsi le sale di giovani in cerca di arricchimento veloce rincorrendo le statistiche dietro un Pallone! Ci sono tipologie di scommettitori molto vicine ai traders che investono su di una piattaforma e si "coprono" intelligentemente dalle perdite, "bancando" o investendo in una seconda piattaforma. Se proprio vuoi tentare la fortuna, cerca di adottare un metodo che possa esser vincente per oltre il 50% delle giocate ricorrenti.

Chiunque sa benissimo che tutti i giochi sono sempre a favore dell'emittente, del banco, pochi riescono a realizzare davvero e sono i più metodici. I montepremi sono una parte delle somme giocate e le piccole vincite sono molte per farti rendere conto che si può vincere, per tenerti psicologicamente ben saldo al bancone. Queste cose devi comprenderle quanto prima! Questo paragrafo l'ho scritto più che altro per dissuadere l'avventato disperato nel cascare in queste trappole magistralmente create anche online per permettere alla gente di riversarvi le proprie peggiori pulsioni. T'invito a esser forte e starne alla larga, per il tuo bene perché i giochi possono causare, al pari delle droghe, vere e proprie dipendenze dal cui vortice sarà difficile uscire!

"Se scambi solo il tuo tempo per denaro,
sei una delusione; ma potrai rifarti"!

●

06-MONETIZZA LE TUE COMPETENZE.

Una definizione che dovrai sempre ricordare è che la differenza tra i lavori **con e senza competenza è nel prezzo**: un lavoro che saprebbe fare chiunque, ha un valore molto basso; un lavoro che richiede maestria e capacità custodite da pochi, potrebbe arrivare a valere migliaia di Euro al giorno!
Lo sviluppo di **competenze** specifiche si tradurrà in creazione di valore perché saremo in grado di risolvere determinati problemi come pochi altri. Non pensare di poterlo fare ottimisticamente in un mese, non essere frettoloso ma scrupoloso! Ovviamente, prima di poter monetizzare le competenze, le esperienze o i tuoi eventuali talenti, dovrai imparare ad acquisirne, implementarne e svilupparne! Le abilità s'imparano e migliorano in molti modi. Il periodo emergenziale post-covid19, ha portato in auge, apprezzatissimi siti che ti consiglio di visitare perché propongono, da anni ormai, ogni sorta di corsi online gratuiti e non, anche universitari, come ad esempio: *Udemy*, *Lynda*, *Ted Ed*, *Skillshare*, *Edx*, *Corsera*, *Masterclass* e gli italiani *Lacerba.io* e *LifeLearning*.
Altro sistema intramontabile sono gli ebook, libri in formato elettronico che potrai portare con te in ogni tipo di device oppure con i comodi Kindle tascabili. L'offerta di ebook gratuiti o a pagamento, è enorme in portali come: *Amazon*, *Project Gutenberg*, *Liber Liber*, *Readme*, *Open Library*, *Archive.org* e *Mondadori Store*. Attenzione, scegli i titoli più recensiti perché "gratuito" spesso significa nuovo ma anche scadente e non ci possiamo permettere di dissipare il nostro prezioso tempo. Ah! Dimenticavo: se vai su *bookauthority.com* potrai scoprire quali sono i libri letti e/o consigliati da tutti i guru in ogni campo: bel risparmio di

tempo e fatica, non credi? Non dimenticare che anche i video potrebbero essere dei validi ausili alla tua crescita, specie in movimento. Ti basterà digitare la famosa frase ("Come fare per…") e ti ritroverai dinanzi a decine di contenuti differenti, a tua scelta!

Inizia col PI-PRAC, grazie alle prossime idee di business, Pensa e Idealizza ciò che potresti creare e che potrebbe dare grande valore agli altri grazie ai tuoi punti di forza, solo successivamente, come pura conseguenza, arriverà il giusto compenso grazie all'effetto moltiplicativo dell'online!

Focalizzati su di un argomento specifico o una nicchia ristretta ed acquisisci nozioni e capacità che ti spingeranno ben oltre la media. Segui i migliori e con i commenti inizia a crearti un seguito di fan. Per essere riconosciuto "esperto", ci vorrà tempo e lavoro, che con la giusta motivazione e costanza, godrai del riconoscimento sociale che ti spetta dalla tua fatica. Non mollare mai perché all'inizio ci sarà da sgomitare, ti derideranno, poi ti combatteranno e poi ti riconosceranno ed applaudiranno con decine di entusiasmanti reviews (testimonianze) e richieste di consulenze da centinaia di Euro l'ora. Molti osteggeranno il tuo cammino e spesso sono ahimè, proprio le persone più vicine ma non ti curar di loro, sii determinato verso il tuo obiettivo e correrai come un treno. Tutto ciò, incrementerà notevolmente il valore del tuo tempo e il prezzo lo farai tu, quando ti contatteranno! Questo vale in tutti i campi: devi puntare a elevare il tuo valore percepito perché non basta più presentarsi con una bella auto o una bottiglia di champagne! La gente cerca contenuti e tu devi darglieli, altrimenti ci penserà qualcun altro. Prima di contattarti, i tuoi clienti ricercheranno il tuo nome su *Google* o LinkedIn per vedere chi sei e cosa avrai creato fino ad allora. Orbene, devi popolare quella ricerca con contenuti di valore per fare in modo che il possibile cliente non abbia più dubbi su di te e le tue capacità. Finalmente, ti concedo un "punto zero" ed un primo metro di misura per saggiare le tue competenze. Come dovrai fare? Corri su un qualsiasi motore di ricerca, scrivi il tuo nome o quello della tua Azienda e apprezzane il risultato: quello che vedrai sarà ciò che percepiscono di te! Fanne uno screenshot perché tra qualche mese sarà completamente diverso! Scommetti?

Questa di seguito, non sarà una semplice lista di possibili lavori da poter compiere ma è soprattutto un invito a cambiare il tuo mindset, concederti del valore con delle competenze acquisite o da acquisire, scoprire il tuo talento, per aver la possibilità di concentrarti sui clienti che pagano meglio e la necessità di poter automatizzare il sistema per avere più tempo a disposizione per se stessi. Non è stato facile creare un ordine ascendente in base alle conoscenze e per tale motivo consiglio di terminare il lungo capitolo prima di trarre delle conclusioni affrettate!

Da ora parte una vera e propria sfida, ti consiglio di aprire tutti i tuoi canali ricettivi e cerca di dare il meglio per dimostrare a te stesso che puoi farcela! Sarei proprio curioso di vedere cosa sarai capace di realizzare da qui a sei mesi!

Abbracci professionali (Cuddler)

Inizio in maniera curiosa da questo fenomeno nato in America e per quanto strano possa sembrare, è un lavoro vero, reale e anche remunerativo! Sono nate figure professionali e certificate che sono **formate** e pagate per abbracciare manager stressati sui luoghi di lavoro, ricchi imprenditori in preda alla depressione, separazioni o situazioni personali o professionali gravose. I Cuddlers sono persone che hanno scoperto e migliorato un proprio talento personale nell'abbracciare sconosciuti per infondergli sicurezza. Il basamento scientifico sta nel fatto che la durata media di un abbraccio sincero tra due persone è di circa tre secondi ma è stato provato che quando si arriva a circa venti secondi, s'inizia a produrre un effetto terapeutico su corpo e mente. Il motivo è che un abbraccio autentico produce ossitocina, noto anche come l'ormone dell'amore. Ci sono Cuddler professionisti che arrivano a guadagnare anche tremila Dollari all'ora per un abbraccio sincero e platonico. Questa è una dimostrazione che il mondo ha forte bisogno di amore e di persone talentuose e competenti che interpretino il lavoro non come nel passato ma con dedizione totale verso la risoluzione di un grosso problema percepito da imprenditori stressati! In Europa non vi è nulla di simile, potrebbe essere un'opportunità! Il globo e l'umanità si evolve a ritmi vorticosi e percepire come poter risolvere frustrazioni, potrebbe concederti un grande vantaggio competitivo.

Fai fruttare il tuo look

Ritieni di avere poche competenze ma sei di bella presenza, educato, serio, brillante, o trasgressivo? Fai l'accompagnatore o l'Escort online! È un servizio prettamente serale ma differente dal Rent a friend. Anche qui, niente rapporti, ma semplice compagnia. Ho consigliato davvero un amico e vi è diventato con grande soddisfazione per entrambi! Basta entrare nel giro, presentarsi ad altri "professionisti" che ti pubblicizzeranno sul loro sito, oppure entri in appositi network online che trattengono parte delle commissioni, anche fino al 60%, ma fanno tutto loro, dalla pubblicazione delle tue foto, al reperimento del cliente fino al pagamento online del servizio. Le tariffe partono, spese escluse, da 200 Euro a serata, a seconda delle richieste. Se ci saprai fare, le tariffe potranno elevarsi anche di molto! Conosci molte persone che guadagnano 100 Euro per poche ore ogni sera in maniera così piacevole? Non credo!

Piscine pulite

Questa è un'attività che ho inserito in questa sezione per farti comprendere ciò che ho già asserito, cioè che spesso l'immaginazione batte il talento. Individuare delle nicchie nelle quali non sono in molti i capaci, potrebbe attribuirti una grande e veloce notorietà e lavoro ben retribuito! Vediamo questo esempio. Vivi in una realtà con molte piscine e hai notato che i proprietari inveiscono spesso contro i pulitori e li cambiano di frequente perché non contenti del servizio. Dopo esserti documentato al meglio con il web e negozi specializzati che ti aiuteranno volentieri perché vi acquisterai i prodotti, ti proporrai come pulitore di piscine. Costruirai una pagina Fb per diffonderti a livello locale con alcuni video di spiegazioni mentre lavorerai. Una genialata potrebbe esser quella di curiosare su Google Maps o Earth e segnarti gli indirizzi delle case che potrebbero aver bisogno dei tuoi servigi, nella zona che desideri per proporsi magari con primo trattamento gratuito e vedrai che funzionerà alla grande!
Ogni cliente dovrà avere una scheda personale nella quale trascriverai, dopo le opportune presentazioni, ciò a cui farà maggiormente attenzione (Es: niente terra sul fondo, bordi sempre puliti, filtri sgombri, ecc.) In seguito, potrebbe

diventare anche una lucrosa attività imprenditoriale perché potrai consigliare una copertura di sicurezza per i mesi freddi e similari. Non dimenticare che il target di clientela è molto alto e spenderebbero notevolmente se solo una persona di fiducia, lo consigliasse in maniera convincente. Così come vale per le piscine, potrebbe essere analogo per tante altre tipologie di attività. Per tale motivo affermo che ci vuole solo un minimo di fantasia per capire come e dove indirizzare la tua attenzione in base a ciò che ti appassiona o verso ciò che potrebbe diventare un business!

Un lavoro flessibile per te

Cerchi del lavoro temporaneo, part-time e a tempo pieno offerto da migliaia di aziende rispettabili che cercano di dipendenti a domicilio. Vi sono decine di portali come *Jobatus*, *Jobbydoo*, *Flexjobs, Kijiji* che sono degli enormi database nei quali potrai registrarti per essere poi messo in contatto con l'offerta. La qualità delle inserzioni, spesso dipende dal prezzo d'iscrizione (che fa da importante filtro), e può farti risparmiare decine di ore di compilazione moduli e ricerca attraverso gli uffici di collocamento o agenzie interinali. Una volta trovato il giusto incarico, sarai libero di poterti cancellare senza ulteriori obblighi.

Personalizza capi di abbigliamento

Ti ritieni un creativo e ti piacerebbe realizzare e distribuire una tua linea di t-shirt, lanciare un tuo nuovo Brand di moda, creare delle scarpe alla moda con personalizzazioni uniche e magnetiche ai tuoi amici che possano diventare clienti finali soddisfatti? Orbene, esistono decine di portali su *Google* nei quali potrai dare sfogo alla tua vena realizzativa. Oppure potrai pensare di rivendere tali oggetti cult su altri siti specifici o direttamente sui social come Instagram o Fb. A oggi le magliette rappresentano il capo d'abbigliamento più venduto al mondo. Anch'io ho un servizio del genere ma di qualità assoluta con un'azienda tedesca (*Spreadshirt*) con la quale ho creato più linee tematiche personalizzando un centinaio di gadget differenti, dalle colorazioni e taglie più disparate. Volendo essere pratici al massimo, le personalizzazioni sarebbero effettuabili anche a casa propria, su qualsiasi capo o accessorio neutro come scarpe, borse, portachiavi, cinture, jeans, gonne, ecc. Guarda qualche video su Youtube sul "come fare a…" per comprendere cosa ti necessita per realizzare capi wow! Quindi, qualsiasi cosa tu voglia fare, prima di tutto, devi pensare e ideare come partire da un concept di base ben definito (es. slogan accattivante su maglie, citazioni famose, frasi schizzate o divertenti, disegni particolari, scritte fluo, ecc.) e scegliere un target di riferimento cui destinare le tue opere. Fatto ciò, potrai iniziare davvero a divertirti a far sbizzarrire la tua fantasia. Ti consiglio di far delle ricerche prima di pubblicare perché dovrai far attenzione ai marchi altrui: controlla che non ci sia nulla di simile in circolazione, per non rischiare violazioni del copyright che ti bloccherebbero l'attività.

Sei un artigiano o un'artista

Ti piacerebbe trasformare il tuo hobby artigianale in un lavoro online vero e proprio. Sia che tu crei capi d'abbigliamento, artigianato, giocattoli per bambini, o gioielli, è possibile aprire il tuo proprio negozio virtuale. I portali di riferimento sono *Etsy* per l'artigianato, *Zazzle* per l'artista che è in te e *Amazon handmade* per tutto il resto. Il meccanismo è semplice: con pochi clic, hai già aperto la saracinesca del tuo portale per vendere solo oggetti fatti a mano. Per ogni inserzione pagherai un fisso di pochi cent, più una minima commissione su ogni oggetto venduto e la spedizione sarà a carico dell'acquirente. Ci sono migliaia di venditori, di cui solo 1% italiani, nonostante le forti richieste sul "Made in Italy". La conoscenza dell'inglese è fondamentale. Ha grande successo chi riesce a coniugare abilità tecniche, originalità e competenze di marketing. La maggior parte dei venditori lo usa per arrotondare, ma non sono rari i casi di chi porta a casa diverse migliaia di Euro il mese. Pensa che ho un conoscente che raccatta del vecchio legno secco o galleggianti dismessi, grossi oggetti di plastica dal litorale marino della mia città, ci dipinge su degli slogan ambientalisti, li abbellisce con nastrini e conchiglie e li vende a diverse decine di Euro, anche a livello locale, sui propri canali social e non ti dico con quale successo! Per avviare un business a basso costo e molto redditizio, quindi, ci vuole inventiva e la curiosità di sondare ciò che fanno altri, più bravi di te, cui ispirarsi per poi creare una propria nicchia univoca! Fatti stimolare da canali TV tematici, documentari o gruppi Youtube. Nutri il tuo cervello in questa maniera e l'idea, prima o poi, uscirà! Consigli personali? Un forte trend del prossimo futuro deriverà dall'impulso ecologista mondiale e due business che mi hanno davvero scioccato sono: i Vertical garden e la trasformazione della plastica marina in mattoni da giardino! Basta con gli aiutini (smile).

Cuoco o professionista a domicilio

Ti ritieni bravo ai fornelli, sei un grande organizzatore appassionato di cucina? Ecco un'altra opportunità di business a basso costo e a basso rischio, molto richiesta. Inizia ad affinare le tue abilità presentandoti professionalmente, preparando prelibatezze a casa per la tua famiglia, ai tuoi amici e parenti che saranno lieti nel giudicarti in coscienza. Passato l'esame degustazione, potrai far crescere la tua base di clienti, proponendoti sui social con video allegri e di contenuto o col passaparola. Molto richiesti sono i cuochi di specialità locali, anche fritture e piatti freddi purché coreografici, magari con postazione, altrimenti non ti contatterà nessuno per feste o evenienze originali! Altro grande consiglio è quello di frequentare **grandi fiere** per matrimoni o intrattenimento per prendere spunto sulle nuove tendenze del settore (esempio lo specchio magico interattivo a grandezza d'uomo che stampa istantanee degli invitati), proponendosi come i primi o esclusivisti su di un territorio esteso, con notevoli ritorni giornalieri. Tali attività sono molto richieste anche per clown, musicisti, intrattenitori, maghi, ecc. per sollazzare gli ospiti in qualsiasi importante e memorabile evenienza.

Monetizza le recensioni

Consiste nello scrivere recensioni accattivanti e sincere su prodotti/servizi che hai avuto modo di provare in prima persona. Hai comprato uno smartphone di una determinata marca e modello? Scrivi le tue opinioni o posta un video sull'esperienza di utilizzo. Per tali servizi ci sono Società che pagano qualche Euro. Altra possibilità un po' più concreta è concessa da diverse piattaforme per la recensione di siti web. Esse pagano in base alla durata dei test è in media siamo sui dieci Dollari per ogni quindici minuti. Le migliori sono: *Testingtime.com*, *Analysia.com*, *Whatuserdo.com*, *Userfeel.com*. Altro sistema prevede di divenire un recensore "accreditato e di alto livello" su *Amazon* per gli acquisti, *Tripadvisor* per i ristoranti e vacanze in resort, *Google maps* per le attività locali, ecc. I migliori "rischiano" di essere contattati per effettuarne alcune dietro compenso, regalo del prodotto, cena gratis, viaggio gratis. A me succede ma cerco di non perdere mai la mia obiettività sul servizio da recensire!

Computer o Mac expert

Potresti pensare sia un paradosso, invece è la realtà. In piena era della diffusione digitale, c'è un mucchio di gente che non ne capisce assolutamente nulla d'informatica e tecnologia. Potranno rivolgersi a te proprio coloro i quali hanno ancora problemi nel crearsi un account email, controllare la loro posta elettronica, salvare e mettere al sicuro i propri dati di lavoro o personali, usare il Mac, ecc. Se ritieni di aver maturato delle competenze tali da poter insegnare, allora mettile a frutto! Sceglierai il tuo target di clientela, ti proporrai in apposite piattaforme o personalmente in pagine social. Potrai anche lavorare da casa, "in remoto" entrando nel computer del tuo cliente tramite il suo consenso, a orari programmati. Tale attività online è abbastanza lucrosa, specie se organizzi cicli di manutenzione ordinaria periodica, semestrale o annuale, una specie di Check hardware, software e backup, per incassare regolarmente dai tuoi clienti in crescita continua grazie anche al passaparola sulla tua ottima reputazione!
Non trascurare poi che siamo in piena **App mania**! Milioni di clienti assaltano gli Online Store, per scaricare applicazioni utili e inutili, dai games al ritocco, dalle finanziarie alle puerili. Le App sono forse milioni ma sono un trend in crescita. Lo Store dell'Apple trattiene il 30% del prezzo ma il resto va all'ideatore. Anche in questo caso, basterà un'idea vincente (come sempre), un piano, lo sviluppo del progetto tramite una delle tante aziende che producono App, investendo qualche migliaio di € (a me ne

hanno chiesti tre). Inoltre, pagherai 500€ circa all'anno tra manutenzione e costi vari, e avrai la tua personale App pronta a scalare le classifiche di vendita internazionali per conto tuo o conto terzi.

Inoltre, come si potrebbe trascurare di questi tempi la possibilità d'imparare a **riparare devices**: telefonini, ipad, eepc, ecc. Sai che l'Italia, dopo la Finlandia, è il paese europeo con il più alto numero di telefoni pro-capite? Allora potrai ben immaginare le enormi richieste di riparazione che possono esserci. Display infranti, tasti che non funzionano, e tutta un'altra serie di problemi che se riparati fuori garanzia, costerebbero un occhio della testa, quindi ci si avvale di espedienti differenti. I riparatori seriali acquistano i pezzi dal mercato cinese a bassissimo costo e istallano a prezzi che sono circa la metà di quelli ufficiali, con notevole beneficio di tutte le parti in causa. Infine, ci sono coloro che acquistano a prezzi di realizzo, cellulari rotti di alta fascia che riparano e reimmettono sul mercato agli stessi alti prezzi dell'usato della stessa fascia! Sagaci!

Moderatore a pagamento

Grazie alle tue passioni, sei in un forum/gruppo di qualsiasi genere e magari il tuo acume è ormai riconosciuto dai followers? Potresti chiedere al gestore se è alla ricerca di un moderatore. Potresti essere anche pagato impiegando un po' del tuo tempo al PC e avere la possibilità di bandire gli haters, troll e fomentatori con grande soddisfazione di tutti e delle tue tasche.

Il tuttofare

Alcune persone si rendono disponibili, diversamente da molti mariti, nell'aggiustare piccoli elettrodomestici, a compiere lavori di riparazione domestica come gli idraulici, falegnami, muratori, imbianchini, ecc. Fai in modo che i vostri vicini di casa conoscano questa tua propensione (anche tramite volantinaggio) e che ci si renda disponibili previo contatto, per diventare col passaparola, un insostituibile e affidabile riparatore tuttofare, che possa intervenire previo modesto compenso volontario, al netto delle spese!

Trascrizione online

I trascrittori a domicilio solitamente creano copie dattiloscritte di materiale registrato, dietro richiesta specifica! Ci sono coloro che digitano velocemente ma i più evoluti utilizzano software di dettatura vocale con trascrizione veloce, almeno cinque volte più veloci. Consiglio d'investire in strumenti attagliati a ciò che dovrai eseguire. Molti software a basso costo, Apple Imac, diverse app, permettono addirittura la traduzione istantanea del dettato! Una rivoluzione! Sfrutta questi consigli e crea qualcosa di nuovo perché il parlato sarà il boom del nuovo decennio, grazie alla diffusione di strumenti come Amazon Alexa e Google talk. Importante è la velocità di battitura o di trascrizione orale senza errori. Ci sono diverse tipologie di trascrittori che spesso sono d'ausilio a professionisti come giudici, notai, avvocati, assicuratori, commercialisti, medici, ecc. I lavori di trascrizione, in genere peritali, richiedono la creazione di rapporti registrati con la possibilità di modifica sul computer di casa, dopo correzione finale da parte del professionista committente. Prendendo come esempio la trascrizione medica, essa richiede che tu abbia familiarità con termini medico-legali, studi anatomici e sanitari in genere. Per questo motivo consiglio di specializzarti in una branca a te più congeniale possibile perché si preferisce assumere persone con esperienza o formazione specifica e non generale. Il lavoro non mancherà mai! Non ci credi? Prova a cercare sul web e rimarrai a bocca aperta dall'offerta che vi troverai.

Rivendi pagine e gruppi

Possiedi uno o più nomi di dominio o siti web che ti piacerebbe liquidare? Hai pagine Facebook, Instagram e tutto ciò che è già ben avviato? Ti piacerebbe acquistare pagine a basso prezzo per poi rivenderle con un bel ricarico? Innanzitutto, scoprine il valore effettivo e se ne valga davvero la pena. Per una stima, ci sono tanti siti gratuiti e ti basterà inserire il nome per una scannerizzazione. Ti hanno fatto una proposta che esubera la stima? Pensaci! La trattativa avrà inizio e metterai sul tavolo il numero di followers organici, la popolarità, il numero di visite mensili, ecc. In media, su Fb, ogni mille followers costano circa 100€ perché è il costo medio per chi utilizza i Fb Ads. Infine, spara alto perché il tempo che hai passato nel tentativo di apportare valore, è certamente un valore aggiunto e ti deve essere riconosciuto!

Vendi le tue foto

Sei bravo con gli scatti? Possiedi una buona macchina e una buona tecnica? Sappi che tue immagini creative di buona qualità fatte anche con smartphone, potrebbero generare entrate passive. Il mercato per la vendita di foto è di miliardi di dollari e cresce a un ritmo forsennato. Dovrai solo imparare ad aver familiarità con il funzionamento dei siti d'immagini fotografiche come *Shutterstock*, *Fotolia*, *eDreamstime*, *iStockphoto* e tanti altri. Le foto saranno da te caricate e quando qualcuno visiterà il sito e acquisterà uno dei tuoi scatti, ne riceverai una commissione che moltiplicandosi passivamente, potrebbe arrivare anche a buone entità. Molto apprezzate sono le foto naturalistiche e particolarmente originali. Sono a conoscenza di un singolo scatto venduto da Christie's per più di quattro milioni di Dollari.

Dipingi o stampa On Demand (Print on Demand)

Hai la vena creativa del pittore e sai cosa piace alla gente? Hai uno stile tutto tuo ma vuoi vendere online e lavorare su commissione? Orbene, vedi gli esempi di *Frida Castelli* e *IlikeMaps* e stupisciti! L'artista crea dipinti o semplici stampe ma che francamente sono davvero di grande impatto emotivo e a volte anche personalizzabili su decine di diversi gadget. Il fenomeno è quello del **POD**. La vendita scaturisce da un'emozione e allora il gioco qui è facile. Proponiti con il tuo spazio online, con il tuo stile, trova estimatori, crea un funnel, regala qualche dipinto a qualche istituzione pubblica e il grosso sarà già fatto. Potrai anche non avere una tua produzione e avviare un business scalabile in Dropshipping (che vedremo in avanti), utilizzando creazioni terze o accettando rivenditori del tuo Brand (Retailer). Francamente, è uno dei miei desideri e non vedo l'ora di poterne realizzare in futuro.

Restauro online

Ci sono diversi tipi di restauratore. É un professionista che ha investito notevole tempo e denaro per formarsi in uno dei molteplici campi quali: opere d'arte, mobili e libri antichi, auto o moto d'epoca, ecc. Terminati gli studi e il lungo tirocinio, sarà pronto per iniziare a lavorare come artigiano sottopagato in un costoso laboratorio tecnico! Soluzione? Reputazione online: aprire una rete mediatica e vista la penuria di queste figure, reperire clienti in giro per il mondo, penso che non sia un problema. Se sei un restauratore e operi per un Ente pubblico, il denaro non arriverà mai in maniera costante. Se operassi per il privato, mettendoti in gioco in prima persona, sarebbe tutto completamente diverso! I margini salirebbero notevolmente specie se concedi la facoltà di viaggiare per reperire le comande, avresti la capacità di gestirti al meglio il tempo che vuoi destinare all'attività e potresti farti aiutare da qualcuno per ciò che attiene le mail, i messaggi e la pubblicità! Questo vale per tutta una serie di altri artigiani che finora sono rimasti rinchiusi nelle proprie botteghe ma che ora, grazie al web, potrebbero certamente condividere la propria maestria, allargandosi a tutto il mondo!

Diventa un freelance

Indica un soggetto che opera essenzialmente come libero professionista per diverse società o organizzazioni, senza avere alcun rapporto contrattuale di dipendenza con esse. In Italia è assimilabile a un professionista cui sono richieste consulenze o servizi necessitanti di Partita Iva. Ovviamente, all'inizio della propria carriera, si potrebbe sfruttare quella di un proprio responsabile oppure utilizzare la marea dei molteplici siti che permettono di fruire questo tipo di professionalità. Un freelance a differenza di un tradizionale "libero professionista" presta il proprio operato per diverse organizzazioni, non ha clienti diretti ma indiretti e spesso li contatta online dall'ufficio/laboratorio/studio, in videochiamata.

La prestazione dell'attività lavorativa denota un certo grado di "libertà", a differenza dal passato, nonostante il più alto numero di committenti che ne fanno elevare anche gli introiti. Se il professionista è estremamente competente, si sarà già creato una buona rete mediatica, eserciterà attivamente il marketing, avrà numerose opportunità di lavoro, e di conseguenza, potrà sfruttare il suo potere contrattuale verso l'alto, lavorando anche meno! Molti freelance lo sono solo sulla carta, perché di fatto, sono dipendenti anche se ciò concede un pò più di tranquillità, contro i propri interessi.

Il più famoso freelance della storia è certamente un fotografo: **Spiderman**! Esso realizzava foto che vendeva al suo pazzoide editore preferito, con il quale ne contrattava il prezzo, ogni volta! Altri numerosi esempi sono tratti dalle professioni più disparate come: avvocati, medici e infermieri, veterinari, commercialisti, giornalisti, docenti, economisti, coach, bancari, promotori finanziari, agenti e subagenti, assicuratori e immobiliaristi,

I freelance più richiesti e strapagati nei diversi settori, sono molteplici ma vorrei aiutarti facendone una veloce carrellata: Programmatore e sviluppatore di PHP e Wordpress, esperto SEO (Search Engine Optimization), scrittura Javascript - HTML - Jquery, esperto Ios o Android, programmatore Blockchain, games, App e software privati o aziendali, esperto in PPC (Pay per Click e Advertisement), assistenti virtuali (VA) che assistono da casa in remoto.

-Scrittore nel Content marketing, Copywriting, ebook propri o Ghostwriter per terzi, realizzatori articoli specifici su commissione, White paper e manuali.

-Designer grafico per infografiche, website, vettorizzazione di loghi e affini, materiale pubblicitario vario come banner, vetrofanie ecc.

-Account manager per aziende e Social media account manager per quegli imprenditori che non hanno tempo o voglia di elevare il proprio riconoscimento sociale sui social come Facebook, Twitter, Youtube, Instagram, Linkedin, Pinterest, ecc.

-Traduttori di contenuti dalle lingue più utilizzate come l'inglese, lo spagnolo, il cinese e/o il mandarino, il brasiliano, il russo, ecc.

Molte attività le vedremo nel prosieguo, ma tenevo a scrivere che le più famose community online di Freelancer in erba, sono: *Fiverr*, *Upwork*, *Craiglist*, *99designs* e altre centinaia da ricercare su Google in base alle tue competenze. Prendiamo come esempio manifesto, **Fiverr**. Famosissimo portale Web che consente a chiunque di proporsi o richiedere tantissime tipologie di lavori o servizi online, spendendo appunto minimo cinque Dollari. Le attività cui potresti ambire sono davvero centinaia e non vorrei elencartele. Personalmente, ho ordinato decine di loghi che ho rivenduto a chi ne ha avuto bisogno, traduzioni in cinese e russo, ho fatto realizzare un libro per 100€ a un Ghostwriter inglese, ho fatto correggere bozze a chi lo sa fare davvero e inserire dati a chi è più veloce di me. Anche tu avrai la possibilità di proporti per costruire il tuo profilo, guadagnare dapprima una buona reputazione e fare sempre più soldi con lavori sempre più remunerativi e d'alta fascia. Fiverr tratterrà una commissione minima su ogni lavoro che ti chiederanno e non potrai accordarti all'esterno della piattaforma, pena l'allontanamento coatto. Basilare è la velocità tra la richiesta e la consegna del servizio e il mio consiglio è di cercare di ridurla più che puoi all'inizio perché la competizione è davvero alta e accanita.

Blogging e social media

Molti ritengono che sia superato avere un sito ma che basterebbe avere una pagina Fb o Insta: io non la penso così! Il sito è un qualcosa di completamente tuo, personale, di migliorabile che nessuno potrà mai toglierti, a differenza della permanenza sui social dove potresti sperimentare un ban (cancellazione) solo per aver postato un qualcosa ai limiti della decenza o solo perché sei invidiato da qualcuno che continua a segnalarti. Ovviamente non vorrei suscitare delle false illusioni come fanno tanti altri! Crearsi un affermato sito con blog annesso non è per niente semplice e occorre molto tempo perché se non hai un grande traffico, non monetizzerai nulla! Spero che tu possa apprezzare il mio realismo se ti dico che la vendita di spazi sul sito (*Google AdSense*), non garantisce un adeguato gettito di entrate, se non prima di anni e sforzi continui. Se invece pensi di sfruttare la tua ottima presenza online, la tua social media influenza per tradurla in un tuo sito personale (e non viceversa), allora sì che sarà più semplice creare un tuo impero economico online.

Potresti vendere prodotti tuoi o sponsorizzati direttamente da te, oppure prodotti digitali e/o servizi tramite i tuoi spazi online, sponsorizzare articoli, recensire e fare altre cento azioni dietro pagamento di corrispettivo da parte di Aziende. Potresti anche pensare di ricevere pagamenti periodici dai sottoscrittori in aree private del tuo sito, per servizi esclusivi a essi rivolti previo login.

Sempre consigliabile l'affiliazione tramite la cosiddetta **"lead generation"**, cioè la raccolta dei dati del visitatore previa registrazione in un popup nel tuo sito per ricevere il cosiddetto "bicchiere d'acqua" cioè un primo assaggio di informazioni fortemente ricercate tramite regali come un ebook, un audio, un mini video corso, ecc. Le piattaforme di blogging, le distinguerei in base al tuo livello di preparazione.

-Livello basic, se inizi da zero e vorresti "farti le ossa", consiglierei **Blogger di Google**, nel quale non avrai neanche bisogno di acquistare un dominio ed è facilissimo da usare per implementare gli "AdSense" che favoriscono il posizionamento degli stessi siti Google!

-Livello intermedio, consiglierei l'open source **Wordpress (Wp)**, il più usato CMS a livello mondiale, che concede migliaia di "widget" (applicativi) per la totale personalizzazione della piattaforma. Necessita di dominio e host a pagamento per poche decine di Euro l'anno.

-Livello professional, consiglierei **Joomla** che è certamente più evoluto di Wordpress ma meno usato perché meno personalizzabile.

Vediamo esattamente quali sono i passi conseguenti da effettuare per iniziare in grande stile, ad esempio, con Wp:

-acquisterai con una spesa massima di circa 100€ annue, un account personale di **hosting** a scelta tra diversi pack, tramite i big del mercato come *Sitegroud, Bluehost, Godaddy* (in molti potrai anche sponsorizzare in network, ricevendone delle commissioni);

-incluso nel prezzo avrai anche un **dominio** identificativo a tua scelta sia per il nome, che deve facilmente identificare ciò che vuoi realizzare, che per l'estensione (.com, .it, .org, ecc.); l'offerta scarseggia e sarà sempre più difficile trovarne di disponibili, sempre se non parliamo del tuo nome;

-installerai la **piattaforma** per eccellenza, Wordpress, del tutto gratuita, all'interno del tuo hosting;
-Sceglierai il tema del tuo sito, in precedenza già pianificato ammirando i tuoi migliori competitor, senza dimenticare la pagina "blog" o "articoli";
-Istallerai i plug-in e widget che riterrai necessari;
-Inizierai a postare sul blog e ad arricchire il tuo sito di utili informazioni di facile fruizione per tutti;
-Sarai libero di sviluppare il sito come vuoi grazie ad un minimo di fantasia e curiosità.

Per chi volesse abbracciare quest'opportunità, consiglio di fare attenzione alle normative comunitarie (es. Cookie e GDPR) tese a scoraggiare la raccolta inconsapevole d'informazioni dal visitatore, senza il suo consenso informato. Le multe sono salatissime e ti esorto caldamente nel rivolgerti a siti come Iubenda o a un accreditato professionista per eliminare questo genere di rischio intrinseco alla costruzione di un sito evoluto!

Popup Marketing

È molto diffuso e consiste nell'inserire un messaggio automatico (popup) che appare in sovrimpressione sul tuo sito internet che ha lo scopo di catturare l'attenzione del visitatore verso un'azione da compiere, prima di poter leggere i tuoi contenuti. L'utente che non è interessato, dovrà chiudere il popup ma spesso il tasto di chiusura è un altro e comunque ti riporta a una pagina detta "d'atterraggio" (Landing page). Sono molto fastidiosi e pagano solo qualche centesimo di euro per visita, quindi, se hai intenzione di fare Branding, sarebbe molto poco serio avere dei popup terzi sul proprio sito. Per questo principale motivo, è una pratica molto diffusa nei soli siti porno, d'incontri (date) e di gioco online.

Vendi spazi sul tuo sito (Banner Marketing)

Hai finalmente un sito o un portale ben avviato e potrai permetterti di "affittare" alcuni spazi della pagina per potervi ospitare della pubblicità a pagamento. **Google AdSense** è il più popolare e facile sistema. Sarà possibile guadagnare in base al numero di esposizioni dell'annuncio pubblicitario (impression) o click sugli annunci (PPC). Il servizio è collegato a Google Adwords ed è in grado di gestire gli annunci degli inserzionisti adattandoli al contenuto della pagina web in base all'argomento trattato. La registrazione al servizio è del tutto gratuita. Entro due giorni viene confermata o respinta la richiesta di affiliazione. AdSense offre un servizio di statistiche che segnala il numero d'Impression e click, ricavi giornalieri e totali. Poiché le inserzioni garantiscono una commissione per click di circa 0,1$ per click sul banner, ogni mese Google invia i pagamenti al publisher previo raggiungimento della soglia minima di 70 euro circa (100 dollari). Per i siti con milioni di Pageview al mese, è riservato un trattamento speciale con possibilità di personalizzare alcune funzionalità e con l'assegnazione di un responsabile che consiglierà il publisher su come ottenere maggior rendimento dai propri spazi pubblicitari. Siti alternativi a AdSense sono *Infolinks*, *Propeller* e *Clicksor*.

Affiliate marketing

Conosciuto in Italia anche come ***affiliazione***, non è altri che un accordo commerciale tra un'azienda che intende vendere un suo servizio o prodotto (advertiser) e una persona, l'affiliato appunto, che promuove il servizio o prodotto dell'advertiser, che ne trae una commissione. L'affiliato guadagna una percentuale su ogni singola conversione proveniente dalla sua pubblicità a pagamento sui social oppure da banner pubblicati sul proprio sito tematico. Tra i due soggetti, agisce una terza entità, la piattaforma di affiliazione che ha il ruolo di intermediare tra i due, tracciando le conversioni e i pagamenti. Il lavoro dell'affiliato si traduce nel portare traffico sulla pagina dell'advertiser, usando i più comuni canali di traffico a pagamento (Fb Ads e Google Adwords), al fine di generare delle conversioni su prodotti non propri. Le informazioni al riguardo sono sempre stabilite nel piano commissionale dell'advertiser e vengono definite spesso come costo per azione (cost per action o CPA). Un'azione, ad esempio, può essere un click, una vendita, l'acquisto di dati di contatto, il download di un catalogo, e così via. Il pagamento agli affiliati è normalmente proporzionale alle conversioni. Le possibilità e le "ricompense", come le chiamo io, sono davvero tante e molto redditizie, sempre se impari un metodo efficace insegnato dai numeri uno in questo settore. Prova a ricercarlo su Google e capirai subito l'enorme estensione del fenomeno. Vediamo un pò che tipo di affiliato potresti diventare:

-Siti di nicchia, creati apposta per arrivare e soddisfare una determinata audience di persone;

-Prodotti fisici e/o digitali come corsi, libri, musica, App e altri tantissimi software e consolle vendute in piattaforme famosissime come *Clickbank* (a rischio), *Pronto campaign*, *JuiceADV*, *SEMrush*, *WorldFilia*, *Affiliate by conversant*, *Amazon associates* (paga poco!), *Marchio Privato* e *Apple affiliate program*, per la promozione di prodotti IOS.

-Servizi professionali ad Aziende, studi di professionisti come avvocati - medici - ingegneri - immobiliaristi, ecc. e tanti altri che offrono delle cospicue commissioni per il reperimento di clienti.

Una volta appresa l'arte del saper generare profitti dalla rete, un possibile sbocco è quello della costituzione di un'agenzia di marketing che stipula contratti direttamente con grandi Aziende per fatturati di diverse centinaia di migliaia di Euro.

Crea un corso online e vendi informazioni

La maggior parte della gente va su internet per cazzeggiare o socializzare. L'altra minima parte naviga perché mosso dalla nobile virtù della curiosità finalizzata a imparare sempre cose nuove (come te che hai acquistato questo libro). L'esplosione delle visualizzazioni su Youtube ne è una chiara dimostrazione. Un grandissimo bacino di confusa e caotica informazione che poi cerca di tramutarsi in formazione specifica grazie al fenomeno dell'**e-learning**, cioè la possibilità di attingere a corsi o coaching online ad alto valore intrinseco, praticamente in ogni ambito dello scibile umano come la fotografia, la finanza, lo sviluppo personale, l'arte, la musica tramite qualsiasi strumento, il giardinaggio, la cucina, il marketing, la tecnologia, le lingue, la cura di se stessi, ecc. A fronte di questa enorme richiesta, sono nate tante piattaforme e strumenti che permettono la facile creazione e vendita di corsi online tramite lo stesso web. Una volta confezionato un buon corso, esso potrà rappresentare una buona rendita extra e del tutto passiva, resa cioè automatica e senza successivo lavoro grazie all'enorme possibilità di rivendita online concessa dalla piattaforma. Immagina ora se il corso fosse prodotto in inglese, tale da poter vendere h24 in tutto il mondo!

Ovviamente, per ottenere un buon riscontro, il corso deve esser lanciato da un personaggio attrattivo con un discreto seguito che si propone con elevati standard di qualità che richiedono tempo per esser prodotti. Per tale motivo il prezzo del corso non deve essere "banale" ma commisurato alla richiesta del mercato e all'accessibilità della clientela di riferimento. Vediamo, sinteticamente, come creare un corso online attraverso un passo dopo passo che certamente potrà aiutarti qualora volessi cimentarti nell'aiutare la gente.

-**La scelta dell'argomento** non sarà casuale e ferme restando le tue propensioni e passioni, ti consiglio di effettuare una ricerca di mercato perché corri il rischio di produrre, con tanto sforzo, un qualcosa che nessuno vorrà comprare! Prima di investire il tuo prezioso tempo, il passo più importante, quindi, sarà quello di individuare un target di riferimento disposto ad acquistare il corso, tramite sondaggi e altri sistemi che tratterò.

-**Pianificare il corso** in moduli e lezioni, organizzando il suo indice, il sommario dettagliato dei contenuti. Il piano dovrà necessariamente contenere approfondimenti difficilmente reperibili online, altrimenti non concederai del vero valore aggiunto ai tuoi clienti, tale da poter esser pagato come vero esperto in quella nicchia di mercato.

-**Stabilire il format**, cioè il metodo d'insegnamento migliore e più efficace per far apprendere le tue lezioni. Consiglio di non insistere solo sui video ma di variare la possibilità di visualizzazione con formati alternativi, come testi, fogli di lavoro, stampati interattivi, Check list, infografiche, audio e qualsiasi altro metodo per ottimizzare l'esperienza di chiunque, nessuno escluso.

-**Personalizzazione e Branding**, perché la gente acquista prima te e poi il tuo corso. Per tale motivo consiglio di scrivere i contenuti delle tue lezioni, in slide riconducibili a te, contenenti un tuo logo proprietario, usando un template singolare e contrasto facilmente leggibile che appaia in tutti i contenuti della lezione, unitamente al copyright.

-**Commercializzarlo**, scegliendo una tra le tre opzioni a tua disposizione per la pubblicazione:

1-Sul sito personale, con ingresso in area riservata ai clienti registrati con login, utilizzando appositi plug-in Wp, senza pagare alcuna commissione, mantenendo il controllo totale e massimizzando i guadagni perché non usufruirai di ulteriori servizi.

2-In portali online come coaching su *Superprof* o corsi su *Lifelearning*, certamente più rapidi con il vantaggio che dovrai semplicemente caricare il corso e saranno loro stessi che si occuperanno di venderlo, trattenendosi una percentuale per ogni acquisto o tramite il pagamento di un abbonamento. Attenzione, la concorrenza è alta e spesso si ricorre alla "guerra dei prezzi", tristemente al ribasso!

3-Sevizi integrabili e personalizzabili nel tuo sito come *Udemy*, *Teachble* o *Kyabi,* che prevedono un piano a pagamento (mensile o annuale) ma il corrispettivo per i corsi è diretto nelle tue casse tramite PayPal.

Lascio a te la scelta del servizio più idoneo ai tuoi bisogni.

-**Procedere al caricamento e promuovere**, scelta la tua piattaforma preferita, dovrai pensare a promuovere il tuo corso, sempre, instancabilmente, tramite l'arte del marketing che sfrutterà ogni canale social, i PPC con Facebook e Google Ads e articoli d'approfondimento sul tuo sito personale.

-**Testare, aggiornare e ripetere,** la fase di testing non deve mai mancare e qualora porti a dei risultati tangibili, potrai pensare di duplicare il business con un nuovo corso, magari connesso al primo. Vista l'alta velocità d'evoluzione del web, dovrà essere un *must,* il controllo periodico della pertinenza delle informazioni nel tuo corso!

Una volta avviata la vendita del tuo primo corso online, se avrai seguito il tutto alla perfezione, potrai probabilmente fruire di un cospicuo numero di followers paganti, ti garantirai una notevole rendita passiva e fama nella nicchia prescelta accompagnata da una grande attesa per il tuo prossimo lavoro.

Tutor e coaching online

Nella nostra splendida Nazione, siamo abituati solo a vedere scuole di recupero studenti che offrono tali servizi ai bocciati. All'estero sono molto avanti! Fare il tutor, cioè l'insegnante online è un ottimo modo per fare soldi da casa ed anche molto gratificante. L'offerta dei portali è molto ampia perché spazia dalla lingua straniera alle materie universitarie con diversi livelli di qualifica. Pensa che due informatici italiani hanno avuto l'idea di far incontrare la richiesta tra tutor e studenti, hanno creato un'apprezzata piattaforma che si chiama *tutors-live,* ora diffusa in tutto il mondo come pure *Superprof*! Immagina cosa farebbero molti benestanti genitori di studenti universitari per permettere ai propri figli di primeggiare in questo mondo così competitivo tramite aiutini esterni sempre ben accetti! Ritengo che questa sia una grande possibilità per i laureati in determinate materie, anche in attesa di occupazione, oppure per immigrati di "madre lingua". Le buone capacità comunicative sono molto richieste ovunque e comunque ed è necessario un computer abbastanza potente, collegato online per esser in grado di gestire software di videocalling appositi. Si potrebbero raggiungere guadagni ragguardevoli e forse insperati. I più qualificati, tendono a ottenere più lavoro e anche più alto compenso, tutto dipenderà dai feedback positivi dei tuoi studenti reali. Un consiglio grandissimo è quello di rivolgersi a una fascia di clientela medio-alta perché meno "rompi" e più soddisfacente dal punto di vista degli introiti. Se lo facessi in autonomia, magari dopo aver acquisito esperienza, potresti eliminare le commissioni al portale, guadagnando in misura maggiore. Altra tipologia d'insegnanti che si sta affermando sempre più, sono i **coach** più svariati in materie come business, wealth (ricchezza), motivazione, nutrizione, palestra, welfare (benessere), leadership e tanto altro ancora. É necessario avere acuito una certa esperienza e reputazione nel sapere come portare i tuoi iscritti e poi i tuoi clienti, verso grandi obiettivi prefissati. Che sia il tuo lavoro primario o secondario, il tuo hobby, la tua passione da sempre, il tuo sport preferito, devi poter contare sempre sulla stessa cosa: una vasta audience di followers mediatici che farebbero pazzie per essere come te e magari incontrarti live in un evento a pagamento. Ci sono molte piattaforme che insegnano a diventare coach come nell'esempio di *eduboard*. Consiglierei di mettersi sotto l'ala protettrice di un altro coach per ciò che ti piacerebbe fare, acquisire la debita competenza per poi magari spiccare il volo in solitaria, dopo aver cercato e trovato una sotto nicchia profittevole, tutta tua! Avresti mai pensato di fare denaro online tramite ciò che hai già studiato?

Scrivi il tuo successo

Una delle strade migliori per fare soldi in questo momento storico, è la scrittura. Scrivere è un'abilità che non richiede formale esperienza preliminare ma più talento. Puoi adottare due diversi approcci per iniziare una carriera di scrittore online: inviare i tuoi contenuti ai siti specializzati dietro compenso come in una carriera freelance, oppure perseguire la strada solitaria, più irta, più difficile ma molto più soddisfacente. Ci sono tanti esempi di scrittori che hanno iniziato come freelance e ora si ritrovano a gestire business di milioni di Dollari. Poi ci sono esempi come il mio, nel quale faccio tutto da solo, dalle cover all'editing fino al marketing e prova a cercarmi su Amazon per vedere chi sono diventato! Per scrivere un qualcosa che possa esser letto da tanti altri, ci vuole una certa propensione e se pensi possa fare al caso tuo, per iniziare a fare esperienza potresti iniziare **correggendo delle bozze**. Vi è tantissimo lavoro ogni giorno su testi giornalistici, libri, articoli e non sarà affatto difficile iniziare se ti darai da subito un'impronta diversa dalla moltitudine di competitor. Pensa solo a tale Caitlin Pyle che nel suo primo anno ha guadagnato oltre 40.000 Dollari, lavorando solo part-time come correttore di bozze, quindi, non hai più scuse, alzati le maniche e inizia! Se ami davvero scrivere, ti consiglio di dare un'occhiata e registrarti su *O2O, melascrivi, iWriter (in inglese)* per produrre delle guide, correzioni varie e tanto altro per guadagnare in base alla qualità dei tuoi tutorial. Il sito può contare su un network di altri siti dedicati a vari argomenti. Il sistema propone dei titoli che gli utenti possono sfruttare per realizzare le proprie opere. Se accettati dal portale, i tutorial sono postati sul network e pagati in media 3 euro/guida con dei crediti dettati dal tema trattato e dalla loro qualità. La paga è veramente irrisoria ma a me interessa che tu colga l'idea dell'iniziare a creare qualcosa di tuo, e il modo di trasformarla in realtà. Le possibilità attuali sono, in sostanza, illimitate. Basta iscriversi ai portali, proporre quello che si vuole vendere, il nostro annuncio viene inserito nella directory del sito e, se dovesse piacere, inizierà a ricevere votazioni positive da parte dei visitatori. I Feedback e le impressioni positive permetteranno alla nostra offerta di salire in "classifica" e finire sulla prima pagina, dandole grande visibilità. É un modo creativo e anche divertente per crearsi una rendita. Chi si darà molto da fare, potrà guadagnare cifre piuttosto interessanti perché le numerose richieste perverranno anche dal mondo del giornalismo tradizionale.

Self Publishing con Amazon KDP

Significa essenzialmente "auto pubblicazione" e identifica la possibilità di divenire gli editori di noi stessi ricevendo royalty (che sono rendite passive) senza fare null'altro che pubblicare libri sul più grande portale al mondo! Io sono un Amazon self-editor già da diversi anni, con notevoli soddisfazioni. Amazon forse ha iniziato la sua vera fortuna con tale servizio che potrai trovare sul web digitando l'acronimo "**KDP**" (Kindle Direct Publishing). Attualmente, grazie al valore di migliaia di self publisher, si vendono miliardi di libri ogni anno. É possibile pubblicare ebook, libri cartacei e i nuovi audiolibri che stanno rivoluzionando il mercato. Quando un cliente acquista un ebook dal portale, lo riceve immediatamente sul suo Kindle che è sia un'App su qualsiasi device sia un reader evoluto, una specie di mini libreria tascabile nella quale potrai caricare migliaia di libri, da portare sempre con te! Se il cliente acquista un libro cartaceo, attiverà il cosiddetto "Print on Demand" cioè il libro verrà stampato al momento e inviato a casa del cliente in qualche giorno, evitando così di stoccare cataste enormi di libri invenduti. Amazon con questo progetto ha rivoluzionato il mondo dell'editoria mondiale, divenendo leader di mercato. La continua voglia di innovare dell'Azienda, la sta portando a tastare fruttuosamente il mercato delle "attivazioni vocali" con i device Alexa e i libri che si ascoltano in mobilità con un semplice paio di cuffie, tramite Audible. Potrei tranquillamente affermare che il KDP è un sistema che concede alte capacità di rendita e impressionanti ROI (returns On Investments), a patto che i contenuti dei tuoi scritti, elargiscano del reale valore al prossimo. A proposito di questo, non posso esimermi dal condividere con te un metodo pratico in step che per me stesso ha determinato tante soddisfazioni! Vediamo cosa e come dovrai fare per riuscire in quest'ambito!

- **Pianifica** per iscritto ciò che vorresti realizzare, i tuoi obiettivi di guadagno mensili, in quali formati e mercati vorrai vendere cioè se su Amazon.it (per Branding) o Amazon.com, in inglese, con ovvie capacità di guadagno di gran lunga superiori.

-Ancor prima di scegliere gli argomenti del tuo libro devi trovare nicchie di mercato e "**Keywords profittevoli**", cioè parole chiave specifiche molto ricercate dai clienti su Amazon, con alta competizione e alto ranking, su cui basare il tuo libro. Non deve trattare ciò che tu pensi possa aver successo, ma ciò che il mercato già fortemente richiede, altrimenti ne vedrai solo dieci copie, comprese quelle dei tuoi familiari. I titoli e le nicchie dei migliori Bestseller, da soli, identificano dei buoni e fruttuosi segmenti di mercato. - Identifica le Keywords, dovrai ideare un **ottimo titolo** univoco e attrattivo, con sottotitolo denso di parole chiave. - Dovrai realizzare un completo sommario e **stilare il libro nel minor tempo possibile**, col metodo tradizionale, scrivendolo di tuo pugno, col metodo evoluto e veloce, dettandolo in App come *Speechnotes*, oppure commissionandone la scrittura a una compagnia di Freelancer (Upwork o E-writersolutions), anche e soprattutto in inglese. Ordinerai una creatura che dovrà essere di circa diciotto o venticinque mila parole per un costo che varierà dai 300 ai 600 Dollari, per poterne guadagnare molti di più!

-Dovrai **realizzare una cover** a tema sbalorditiva e attraente perché sarà essa il biglietto da visita del tuo lavoro! Prendi spunto dalla migliore concorrenza e realizzala con Fiverr (al costo di pochi Usd), per ognuno dei formati in cui pubblicherai. Anche la descrizione dovrà essere accattivante per poter poi convertire l'eventuale visitatore, in cliente.

-La **pubblicazione** del manoscritto sarà resa facilissima da strumenti messi a disposizione da Amazon. A questo scopo, iscriviti al canale Youtube di Amazon KDP per le novità. Dovrai scegliere le diverse opzioni, caricherai i file richiesti, inserirai le categorie in cui l'ebook sarà catalogato nella mega libreria Amazon, inserirai tutte le Keywords, sceglierai il giusto prezzo dei vari formati e invierai il tutto per la revisione finale prima della pubblicazione!

-L'ultimo importante passo è il **lancio in grande stile**, dopo la mail di notifica Amazon che il libro è online. L'autore e Amazon hanno lo stesso obiettivo: vendere! Per questo dovrai fare in modo che l'algoritmo di vendita si accorga del tuo libro e inizi a promuoverlo automaticamente. Per fare ciò avrai bisogno un mega lancio che ricerchi due fattori indispensabili: vendite iniziali (importantissime) seguite da tante recensioni veritiere. Ottenendole, Amazon ti farà salire di ranking e genererai vendite ogni giorno.

-Dopo la versione Kindle, inizierai a monitorare i risultati per eventuali aggiustamenti sempre possibili in corso d'opera e **ti focalizzerai su altri formati** come il cartaceo, leggermente differente (con numeri di pagina e senza link cliccabili) e poi sull'esplosiva versione audio su Audible.com e .it, seguendo ciò che ho fatto io in prima persona.

-Una volta effettuata l'esperienza, ripetere il tutto per altri libri, sarà molto più semplice e ricordati che, ovviamente, più libri avrai, più vendite effettuerai ogni giorno.
-**Guadagnerai** dalle **royalty** per le vendite che per Kindle sono del 70% entro i 9,99 Usd e 35% oltre; sarai pagato anche se aderirai al servizio "**Unlimited**" per ogni pagina letta dagli abbonati; per cartaceo saranno del 60% al netto delle basse spese di stampa e del 40% se aderisci alla "**expanded distribution**" nelle reti fisiche; infine, per le versioni audio il prezzo il prezzo non lo determinerai tu ma sarai pagato per il tempo d'ascolto del tuo prodotto che si consiglia debba essere, in media, oltre le tre ore.

Assistente virtuale da casa

Se hai lavorato nell'amministrazione d'ufficio, o sei stato un assistente esecutivo o hai le competenze necessarie per fornire supporto di qualità e strategico a un Boss, allora diventare un assistente virtuale potrebbe essere una soluzione vincente. L'utilizzo di Virtual Assistant (VA) è una tendenza in crescita tra proprietari di piccole e medie imprese ma anche in Aziende più grandi. Molti imprenditori di alto profilo hanno bisogno di assistenti che li aiutino a perdere meno tempo possibile, in mobilità, nelle attività quotidiane, nelle scelte importanti e nel disbrigo di pratiche veloci. Con i VA, le Aziende risparmiano denaro esternalizzando il lavoro a dipendenti con sede a orari stabiliti, delegando attività specifiche in modo più efficiente, senza avere un dipendente a busta paga a tempo pieno. Diventando e proponendoti come VA, svolgeresti lo stesso lavoro di segretaria in ufficio, ma da casa e senza pendolare sui mezzi pubblici metropolitani o nel traffico. Ci sono due modi possibili: utilizzando i siti di ricerca di freelance per VA, oppure registrandosi e affidandosi a una Società specializzata per l'assunzione di personale virtuale. Ti potrà esser di stimolo, d'aiuto e d'esempio la ricerca della statunitense *Gina Horkey* che ne ha fatto addirittura un lavoro milionario. Vi scoprirai oltre 150 servizi di VA, a tua disposizione che vanno dal Real Estate (immobiliare) al VA per freelance di ogni genere!

L'imbuto di vendita (Funnel Business)

A mio modesto modo di vedere, è l'apoteosi del marketer online. Non è altri che il completo percorso obbligato che farai compiere al tuo potenziale cliente freddo interessato (prospect), tramite una sola e semplice azione iniziale. Infatti, basterà un click su di un link social, che lo porterà in una Landing page con autoresponder (risponditore automatico), dove inserendo una propria mail, potrà ricevere in cambio un regalo (bicchiere d'acqua) che lo farà divenire automaticamente un lead interessato (contattabile). In seguito, si potrà concedergli del valore con una serie di mail, articoli, ecc. e infine, si convincerà a comprare da noi, diventando un buyer caldo, un fan! Un cliente soddisfatto dei tuoi contenuti, acquisterà molto più facilmente anche altri tuoi prodotti, anche a più alto costo (upselling) perché ormai si fiderà di te al 100% (Brand reputation). Il funnel è questo: un imbuto, mammano che scendi verso il basso si restringe il numero dei followers ma aumenta clamorosamente il prezzo dei nuovi servizi. Nell'imbuto entra molto ma esce poco, è assolutamente fisiologico che "converta" sempre meno mentre si scende.

Perché è importante progettare un funnel?
Perché in un oceano di dati spesso inutili come il web, con maree di pseudo professionisti, denso di truffe, pensi che la gente arrivi a te che sei il Signor nessuno e si possa fidare ad acquistare qualcosa? Nooooo! La vendita a freddo, benché sia emotiva, è difficilissima in un nuovo sito, a meno che tu non sia un big player del mercato con forte riconoscimento sociale. Si stima che una prospect, prima di convertirsi, debba ricevere non meno di quindici prove che dimostrino la tua competenza, rispetto ai competitors! Ecco perché trasformare un prospect in un lead, per poterlo ricontattare carpendo i suoi dati, magari in maniera evoluta! Se non lo farai, rischierai "solo" di non aver attenzione, perdendo miseramente la possibilità di convertire in cliente un semplice visitatore caduto nella tua fitta rete mediatica!

Come si costruisce un funnel, passo dopo passo?
Sinteticamente, sono pochi gli step fondamentali che dovrai ricordare d'attuare, ma sono imprescindibili come la progettazione, la creazione, il testing e lo sviluppo.
I più grandi marketer al mondo, sono i più bravi a pianificare in maniera maniacale! Ovviamente, se non vi è il solito grande interesse in quel determinato argomento che proponi, mi vuoi dire come potrebbe funzionare? Ti ripeto il validissimo consiglio che concede il marketing: *"Chiedi cosa vuole, costruiscilo e daglielo!"*. È l'unico modo per non sbagliare, non impazzire a cercare altro, è l'unico modo per partire alla grande con il vento in poppa. In un giardino con tanti fiori, come farai a farti notare? Come farai ad avere la sufficiente attenzione, l'interesse che meriti per far entrare nel tuo funnel molti prospect interessati? I metodi migliori

concedono valore da subito (value Ads) e il **posizionamento** iniziale dipenderà da quanta ossessione metterai nel produrre contenuti magnetici per il tuo business! Il resto lo faranno gli strumenti del marketer di professione: i Facebook Ads tramite Business Manager, Google Adwords, il traffico SEO, le condivisioni sui maggiori social media e i Guest posting su altri siti partner.

Dopo aver creato la tua presenza social e aver iniziato a veicolare interesse continuo, inizierai ad applicare la tua strategia. Come già detto, un esempio classico è la sponsorizzazione di una pagina di cattura (*Landing page*), che regala un assaggio gratuito della tua competenza, barattando i dati del prospect. Acconsentendo alla registrazione, ha autorizzato la sua trasformazione in lead, incuriosito e pronto a ricevere altri nostri ottimi contenuti periodici e di qualità per convincersi ad acquistare il nostro servizio. In questa fase, per velocizzare la conversione, sono altresì utili le azioni di *Remarketing* organiche, mirate a chi ha già dimostrato interesse nei nostri riguardi, finendo col ritrovarci ovunque sui social (ti è mai capitato?). Queste azioni devono essere continue e dovranno essere coperte da guadagni istantanei che andranno completamente reinvestiti nel Branding per elevare maggiormente il traffico verso i nostri canali. Per convertire a tempo di record, potrai creare dei richiami a cui il cliente difficilmente dirà di no, tipo un'**offerta promozionale** a scadenza temporale o su determinato numero di pezzi, creando scarsità, oppure incentivando il cliente al "*Cross selling*", cioè all'acquisto scontato di una quantità di prodotto maggiore rispetto a quanto inizialmente visualizzato, ecc. Tutto ciò ti aiuterà a chiudere quanto più precocemente possibile la vendita e assicurarti così un fan fedele, pronto a scendere sempre più in profondità nell'imbuto di vendita, con l'ulteriore acquisto di servizi a maggior valore, in *"Upselling"*. Ormai il cliente ha aperto il portafogli e sarà difficile dirti di no. Esempio pratico? Comprerà il libro, aggiungerà il manuale pratico, poi acquisterà il videocorso da 497€, poi partecipa alle tue conferenze live sul territorio da 997€ e infine gli potrai concedere una consulenza privata da 1997€. Esistono centinaia di sviluppi diversi ma tutti hanno lo stesso obiettivo: far spendere più possibile al tuo followers e far guadagnare sempre più a te! Non lo avevi immaginato? Allora capisco il tuo stato d'animo attuale: ti ho svelato il motivo di tutte quelle registrazioni che hai eseguito, tramite le quali pensavi di ricevere informazioni complete ma ora scopri che trattasi di tecniche di vendita ordite per indurti a desiderare e acquistare parzialmente prodotti o sevizi per spillarti più denaro possibile nel tentativo di completarle!

Come usare i Social a nostro favore?
Nella concezione popolare la gente frequenta **Facebook (Fb)** per perdere tempo! Concordi? É vero se sei un prospect, non se sei un marketer! Tutti i social possono diventare un valido strumento per incamerare denaro, semplicemente dando l'impressione che non si voglia vendere! Tutto qui. Vediamo come fare! Di base, bisognerebbe avere una pagina "**profilo personale**" dove trattare la propria sfera privata, condividere il proprio pensiero con gli amici e conoscenti, mentre creerò una o più business "**Fanpage**" per i miei interessi che mi piacerebbe dapprima condividere per poi monetizzare. All'inizio, le interazioni sulle pagine business sono davvero scarse perché Fb vorrebbe che tu pagassi per elevare il traffico su di esse! Hai capito come fa a produrre quei fatturati miliardari? Noi lo popoliamo con contenuti e siamo

obbligati anche a pagare per avere fette di "traffico", cioè maggiore attenzione ai nostri sconvolgenti post. Sui social e su internet in generale, chi ha il traffico in mano, ha un enorme potere e la guerra tra i big del mercato sembra essere solo all'inizio. Tornando a noi, saremo quasi costretti a generare l'attenzione a pagamento, tramite i Fb Ads, creando un account collegato a "Business Manager" di Fb, che ti consiglio di sottoscrivere quanto prima, per iniziare a elevare il numero di followers della Fanpage e la credibilità, perché la gente si fida maggiormente di quelle persone seguite da molti followers che commentano e cliccano sui like, rispetto a chi non ne ha nessuno, logicamente! Su Fb, per partire col piede giusto nel tuo business, devi essenzialmente imparare a fare poche cose basilari con le tue pagine business:

-Crearle in modalità "personaggio pubblico" (Es. Imprenditore), tuo Nome e Cognome o Azienda o prodotto, compila tutto, le grafiche, i campi, i collegamenti, imposta il tasto con "Invia messaggio", cerca di dare vita a una bella pagina completa e reale perché Fb agevola le ADS;

-Realizza contenuti che non passano inosservati;

-Impara a usare il Business Manager, anche tramite video temi su Youtube;

-Promuovi a pagamento, puntando solo su interazione e traffico, prima per elevare i followers e poi per l'aumento dell'interazione nei post con molti like, chiamata "riprova sociale". Per le Ads ti consiglio un corso specifico perché solo così potrai risparmiare migliaia di Euro, senza effettuare dispendiosi tentativi.

Per quanto riguarda il prossimo futuro, ti farei notare che non contano solo i followers ma l'esperienza emotiva che tu riuscirai a condividere con i tuoi iscritti e per tale motivo **Instagram** sta spopolando non solo tra i più giovani. Insta tira più di Fb perché oltre a creare delle community e far conoscere il tuo Brand, si concentra completamente su di uno scatto che a volte è meglio di decine di parole! L'emotività che ne deriva è un ottimo propellente per ottenere nuovi clienti e ricevere contatti diretti da Aziende che optano intelligentemente per la nuova pubblicità diretta e ponderabile per guadagnare di più con il fenomeno che ormai e riconosciuto come **Influencer Marketing**. Lo tratteremo più avanti ma ormai sono migliaia le orde d'improvvisati che pensano, basti postare una volta il giorno (senza specificità e qualità), postare storie mostrando le proprie curve (che non informano, divertono o emozionano), senza sapere cosa signifìchi fidelizzare o avere risultati come i Top influencer! Bisognerebbe innovare, essere i primi che tastano strade sempre nuove, anche se così dicendo, contraddico la vetusta filosofia dei grandi marketer che utilizzano ancora **l'email marketing** con rispónditore come *Mailchimp*, *Aweber*, *Clickfunnel*, *ConvertKit*, *Infusionsoft*, *Constant contact*, ecc. Ok, basta così! Penso sia sufficiente per farti comprendere che i social possono esser visti e inquadrati sotto una luce differente, quella di colui che si sforza alla creazione di contenuti per consolidare una o più rendite inesauribili grazie ai siti più "perditempo" della breve storia del web! Il tuo futuro dipenderà da come vivrai i social: o come fancazzista o come quella rarità di creatore di contenuti!

Social media manager

Come ripetuto più volte, l'ignoranza in materia business online è davvero abissale, specie nel mondo dell'imprenditoria che non ha ancora compreso l'importanza del termine "innovazione"! I motivi sono tanti e il più importante è certamente la focalizzazione del management all'encomiabile sopravvivenza dell'attività, per essi stessi e per la responsabilità sui propri dipendenti. E se ci fosse una figura che accompagnasse l'Azienda in un nuovo percorso d'interazione con possibili tanti nuovi clienti reperibili sui social? Orbene, questa figura già esiste e si chiama "gestore di pagine" o in campo internazionale "Social media manager". Ho diversi amici che lo fanno con risultati alla mano e hanno condiviso la fortuna di esser stati prescelti da imprenditori visionari. In questo periodo il commercio è molto cambiato e non si attendono più semplicemente i clienti in negozio, come in passato, ma si deve sapere come coinvolgerli, attrarli attivamente nel processo di vendita, attraverso i social. L'Azienda vuole primariamente vendere di più e il gestore ha questo come obiettivo primario. Infatti, queste figure di manager online, da casa o da ogni dove, aiutano professionisti nella creazione e configurazione dei profili aziendali, nella redazione di un piano periodico di posting per aumentare il cosiddetto "engagement", nella gestione dei profili social (spesso Facebook, Instagram e Google), nella ricerca di nuovi lead tramite gli Ads a pagamento, tramite promozioni per i migliori clienti e nella lettura delle metriche dei risultati per focalizzarsi maggiormente sui bisogni del proprio pubblico che è proprio quello che ne determina il successo imprenditoriale. La cosa fantastica nel diventare un social media manager è che è una delle fonti di reddito più stabili in circolazione. Il manager può gestire diverse pagine e all'inizio, da ognuna, potrebbe richiedere 300-400€/mese, la cui metà la reinveste in Ads. I migliori gestori arrivano anche a 3.000-5.000€ a pagina per le grandi Aziende e tramite un piccolo calcolo, immagina quanto si potrebbe arrivare a guadagnare! Quindi, anche se parti da zero, investi subito nella giusta formazione specifica ad alto livello, per poterti ritrovare con un'attività redditizia davvero in fretta.

Account Manager

Si tratta di una nuova figura nata da una sentita e forte necessità del mercato. Il Consiglio di Amministrazione (CdA) di un'Azienda concorda circa l'esigenza di vendere un proprio prodotto su Amazon e avvia la ricerca di questa figura tramite le risorse umane (Human Research-HR). Le HR cercano figure con esperienza, formate ad hoc tramite un corso di laurea breve in scienze della comunicazione o marketing ed economia che poi abbiano intrapreso un master specifico. Risultato? Non ne trovano perché sono "junior" cioè senza esperienza! Allora dove si potrebbero rivolgere se non su Linkedin, nelle web agency o sulla stessa piattaforma sulla quale vorrebbero approdare per ricercarne? Contattano direttamente un venditore di successo proponendogli la possibilità di rivestire questo ruolo all'interno della Società, offrendogli uno stipendio a cinque zeri e commissioni sul venduto! Tu che faresti? Da questa esigenza è nato questo professionista: un esperto, già formato sul campo, con risultati dimostrabili, che sappia gestire responsabilmente e lucrativamente gli account delle aziende di qualsiasi genere e dimensione. Questo dell'Amazon account manager è solo un piccolo esempio di ciò che si potrebbe fare. Ci sono importatori che cercano costantemente questo genere di figure per ottimizzare i processi di vendita o gestire i propri account. E se fossi tu stesso a formarti adeguatamente con corsi che rilasciano certificazioni, per poi testare le tue conoscenze marketing per bene e a proporti in prima persona? Avrai due strade possibili a disposizione per proporti: a contratto come Freelancer, ad agenzie pubblicitarie (web agency) oppure direttamente alle HR di Aziende che non hanno ancora degna visibilità online o che sono alla ricerca di metodi più moderni per elevare i fatturati. Ritengo che possa esser un'ottima idea lavorativa per il tuo radioso futuro.

Partecipa a concorsi a premi

Sei un grafico esperto e di buon gusto? Bene, ci sono siti web in cui puoi partecipare a concorsi (contest) di design. Dovessi vincere la competizione, guadagneresti diverse centinaia di Euro ma per farlo dovrai essere davvero competitivo! Se ti piacciono le sfide con te stesso, vai su *99Designcontest* oppure *DesignCrowd*. I migliori potrebbero rischiare di esser contattati direttamente da freelance famosi per **realizzazioni in sub-appalto**: quello celebre riceve molti lavori che non riesce a ultimare per tempo e li gira al bravo sconosciuto, pagandolo con una minima percentuale della commessa.

Diventa un contabile

Negli Stati Uniti che sono un decennio dinanzi a noi europei, ho notato che molte Aziende adottano la tattica comune di cercare di tagliare le spese fisse tramite l'outsourcing (fonte esterna all'azienda). Si servono di operatori non strutturati, non regolarmente stipendiati che vengono assunti "a progetto" a prezzo prestabilito con l'intermediario o in freelance. Dall'altra parte, sono nate diverse Ditte specializzate nella fornitura di queste risorse, spesso anche di natura interinale. Ora veniamo a te! Sei abile con i numeri ma non nella vendita? Cerchi un'attività che possa trasformare la tua passione matematica in una carriera flessibile, part-time o a tempo pieno? Le Aziende si affideranno a te e alla tua indipendenza e per tale motivo si preferisce il professionista esperto e magari con una laurea. Dovrai possedere anche doti informatiche, conoscere i software da adoperare e saper utilizzare gli strumenti necessari per la tua attività. La padronanza delle migliori strategie per i tuoi futuri clienti, permetterà guadagni abbastanza alti perché trattasi di competenze sempre più richieste e poco diffuse sul territorio. Questo genere di attività richiede continui accreditamenti e livelli di cultura medio-alti, non credo sia aperto a chiunque.

Servizio alla clientela da casa

Hai una voce piacevole e capacità empatiche con il pubblico? Niente di più facile, allora: contatti una delle tante Aziende online che ne richiedono, ti formeranno anche a distanza e se passi l'esamino, potrai accendere il PC domestico, indossare la cuffia wireless per coprire rumori di sottofondo come bambini, parenti, musica, televisione o animali domestici e rispondere alle chiamate dei clienti. Non dimenticare un block notes nei paraggi per qualche appunto da destinare all'ufficio preposto. A differenza del classico e sottopagato lavoro nel chiassoso Call-Center, il Customer-Care domestico, lo si potrebbe tranquillamente esercitare da casa, anche in regime di part-time. Ognuno ha esigenze personali ma tanti altri hanno anche molti pregiudizi e credo che se non si prova a fare un qualcosa, non si saprà mai se possa essere un lavoro adatto a se stessi!

Inserimento dati da casa - Telelavoro

Innanzitutto, cerca di scremare quelle Aziende che ti offrono un lavoro reale di "*data entry*" e non il tarocco copia-incolla di messaggi pubblicitari in determinati gruppi, di servizi dubbi o truffaldini, per elevare il traffico! Fai attenzione, non possono chiederti del denaro per servizi opzionali, in quel caso segnala, scappa e ricerca altri servizi più seri! Esistono veri lavori a distanza, che sono totalmente legittimi e offrono l'opportunità di guadagnare nella comodità di casa propria. Ovviamente, richiedono velocità di digitazione che potrebbe essere elevata anche tramite applicazioni online. Quando ti riterrai pronto, sarai sottoposto a un test per verificare le tue competenze, prima di iniziare e qualora fossi idoneo, inizierai la tua carriera online dedicandoci il tempo che riterrai opportuno.

Cliente sotto copertura - Mystery Shopper

L'idea è piuttosto semplice anche se in Italia non è ancora pienamente decollata! Imprenditori ed esercenti al dettaglio, ristoranti e altre molteplici attività commerciali vorrebbero sapere come si comportano i propri dipendenti con la clientela. Potresti proporti nella città dove vivi, tramite le web o marketing agency. Avere un profilo alto di recensore Tripadvisor o simili, potrebbe agevolarti nella richiesta perché proveresti anche una tua certa propensione alle valutazioni coscienziose! Cosa dovrai fare? Andare sotto copertura per valutare in che modo la loro attività gestisce le richieste dei clienti, come si propone il personale alla vendita, a chi meglio attribuire ruoli di responsabilità o qualsiasi altra cosa che i proprietari ritengano possa aver bisogno di essere sondata e migliorata. Sarai formato su tutto ciò che dovrai dire e fare, pretenderai il compenso pattuito e il rimborso del conto (prima della valutazione) e forse avrai anche un auricolare o un registratore negli occhiali o penna nel taschino! La paga non è altissima ma siccome il tutto è abbastanza divertente, ti consiglio di iscriverti a più servizi. In molti casi conclamati, ci si rende conto delle proprie doti teatrali e di attore. Dovessero scoprirti, potrebbero offrirti del denaro per condizionarti ma non sarebbe molto etico qualora accettassi!

Insegna la tua lingua

Sei un professore e ritieni di saperti rapportare con i bambini? Ti piacerebbe lavorare con essi, insegnandogli la tua lingua? Sai che l'italiano è la ventesima lingua più parlata e la quinta lingua più studiata, al mondo? Sai che l'Italia è uno dei paesi con maggiore export globale? Unisci tutti questi fattori ed emerge un nuovo, favoloso business: insegnare online la propria lingua a studenti in tutto il mondo. Ebbene sì, dobbiamo conoscere l'inglese ma ci sono tante culture che apprezzano tantissimo il "made in Italy" a tal punto da voler consolidare questo trend, permettendo ai figli dei ricchi imprenditori orientali, americani, africani di imparare la nostra bellissima lingua in totale sicurezza, senza muoversi da casa, dinanzi al PC, in orari convenuti. I siti di tutoraggio sono alla ricerca d'insegnanti qualificati per lavorare con i bambini di tutto il mondo. Un esempio strepitoso è quello dall'americana *VIP Kid* che permette di guadagnare denaro insegnando online agli studenti in Cina. Ti farebbe schifo guadagnare dai quindici ai venticinque Dollari/ora? Pensaci allora, perché sono gli stessi siti a fornire i piani di lezione e i materiali multimediali per il corso. Lavorerai quando potrai e da dove vorrai, non dovrai commercializzare te stesso e non avrai alcun costo di avvio e gestione. Meglio di così?

Fai fruttare il tuo strumento musicale

Un mio amico che, da sempre, suona bene il violino, cerca e trova sempre gruppi, bande, concertisti online con cui lavorare, specie su Facebook. Se non ci si conosce, ci si "accorda" con un breve saggio in video diretta, si arriva qualche minuto prima all'appuntamento, ti pagano in anticipo (lo metterai in chiaro, altrimenti non suonerai), preformerai per un paio d'ore e lavorerai solo quando e quanto ne avrai voglia! Sei bravo a suonare qualche strumento? Con un minimo di esperienza e presenza mediatica (specie un tuo apprezzato canale su Youtube) potresti anche insegnare a suonatori in erba o addirittura creare un corso online per insegnare l'arte del tuo strumento (non fraintendere, ahahaha)!

"Più alte saranno le tue competenze,

più alto sarà il valore del tuo tempo"!

07-L'IMPORTANTE PROCESSO DI VENDITA!

Abbiamo parlato di scambiare il proprio tempo per denaro e come utilizzare ed acuire le proprie competenze per iniziare un fruttuoso business online. All'apice di tutti i nostri sforzi deve sempre, o quasi, concretizzarsi una vendita e dobbiamo imparare come tendere a massimizzarla. Il saggio disse: *Impara a vendere e avrai il mondo ai tuoi piedi!* Questo millenario adagio è quanto di più sensato possa condensare il mio stesso pensiero. Presentatemi qualcuno capace di vendere l'impossibile, ogni giorno con entusiasmo e sarò pronto a scommettere sul suo successo personale e aziendale. All'inverso, conosci qualcuno che riesce a non comprare nulla? Non esiste! Acquistare è un qualcosa che bisogna compiere regolarmente per i beni essenziali e poi c'è un'altra serie di compere del tutto "emotive", a volte inutili e/o senza senso. Spesso si parla di vere e proprie irrefrenabili pulsioni derivate dallo shopping. Per favore tieni a mente un dato di fatto: la gente deve inevitabilmente comprare e se non acquisterà da te, lo farà comunque da qualcun altro! Hai mai pensato che lo sviluppo del reddito dovrebbe irrimediabilmente passare attraverso questa basilare capacità? Ma secondo te, venditori si nasce o si diventa?

La capacità di vendita efficace, a mio parere, è indubbio che possa trattarsi di una inclinazione innata ma non è solo una virtù personale (anche se da molti definita erroneamente, "talento") ma un vero e proprio processo aziendale, e come tale, potrebbe essere allenato e migliorato, sia dal punto di vista dell'efficacia che dell'efficienza.

I limiti sono solo mentali, sono solo nella nostra testa: volere è potere! Sono talmente convinto di questo e affermo che addirittura, ogni approccio umano sia da reputare "una tentata vendita di noi stessi". Non cerchiamo di vendere solo prodotti ma quotidianamente e primariamente, la fuori, proponiamo noi stessi, ciò che siamo e il valore che i terzi percepiscono di poter acquisire avendo fiducia in noi!

Una riprova è data dal famoso detto: "**Vendi te stesso** (e le tue competenze) **e poi il tuo prodotto**". Dipendentemente dal tipo di commercializzazione, se non pensi di possedere questo genere di Skill, dovresti dapprima acquisire fiducia in te stesso, sotterrando eventuali complessi d'inferiorità. Se non hai fiducia in te stesso, come potranno altre persone averne nei tuoi riguardi? Se sei molto giovane, il miglior consiglio è quello d'iscriverti semplicemente a un corso per public speaking perché imparando a parlare in maniera disinvolta in pubblico, acquisirai la capacità necessaria per discutere con qualsiasi individuo. Questa facoltà nel mondo virtuale online serve molto meno. Una società in trasformazione che gradualmente sta spostando le vendite dal negozio sotto casa, al web e addirittura tramite un telefono tascabile, non abbisognerà di contatto fisico ma di tecniche di vendita partorite da mamma marketing. Per questo conoscere sistemi efficaci di vendita, potrebbe essere utile a qualunque tipo di lavoratore intento nel percorrere la sua strada al miglioramento.

Provo grandi soddisfazioni personali quando mi chiedono molteplici consigli per il miglioramento del proprio stato personale e solo in quel momento, comprendo di esser sulla strada giusta, di essere diventato un lumicino che dissolve parzialmente le tenebre sul percorso di vita altrui!

Quindi, rammenta costantemente che in tutte le Aziende vi sono decine di ruoli complementari ma chiediti ora quale sia il più importante? Il venditore, ovviamente! Se questi non riuscisse a fatturare, l'Azienda tutta andrebbe a rotoli! Prova a confutare quanto sto asserendo!

Infine, e tengo molto a questo argomento, insegnare ai tuoi figli come vendere efficacemente fin da piccoli, potrebbe certamente attribuire loro un vantaggio nella competitiva società attuale. Vediamo cosa tratteremo:

-Le prime domande da farsi (prima di vendere).
-Come ricercare un prodotto?
-La reputazione Online è essenziale.
-Come creare un piano editoriale
-Come creare video in 5 passi per promuoversi
-Come costruire un prodotto/servizio

Le prime domande da farsi (prima di vendere)

A questo punto della lettura, dovresti aver compreso che la domanda primaria da formularsi non sarà "cosa dovrò vendere" ma: "Quali saranno i miei potenziali clienti?". Al mercato non interessa ciò che tu pensi possa essere venduto ma ciò che esso già ricerca e acquista! Altre possibili domande da elaborare non saranno rivolte al comprendere quali siano le tue passioni (potrebbe non fregare nulla a nessuno), invece:" In quale nicchia ci sono i soldi che vorrei dirottare verso me? Una di queste è una mia passione? Se non compirai precocemente tale ricerca di mercato per scegliere una nicchia profittevole, difficilmente riuscirai a convincere la gente circa la bontà del tuo prodotto, salvo che tu non sia un influencer o similare con un brand socialmente già riconosciuto! Potrai utilizzare servizi gratuiti come Google Trend per sondare le parole chiave (Keywords) oppure le liste dei Bestseller connesse alle passioni più ricercate, i prodotti/servizi e attività più cool sul web.

Altra considerazione importantissima da fare antecedentemente, prima di ogni altro passo convenzionale, nasce da quest'altro quesito che dovrai formularti:" É meglio un prodotto mio o un prodotto terzo?". Pensa alla risposta prima di procedere!

Secondo il mio punto di vista, infatti, non potrai basarti su prodotti/servizi/Business altrui, perché non potrai mai averne il controllo totale e poi, perché contribuire a sviluppare i sogni altrui se ritieni che i tuoi siano molto più importanti? Questo è un errore molto comune che commette il 95% di coloro i quali pensano che i network siano tutti profittevoli!
Se il prodotto non sarà tuo, avrai la sola "sensazione" di averne il controllo ma potrebbe bastare un piccolo imprevisto nella lunga catena che va dalla produzione alla commercializzazione, per ritrovarti irrimediabilmente con il sedere in terra. Vuoi godere di una supervisione totale? Allora il prodotto dovrà (possibilmente da subito) essere tuo, per non fartelo rubare o copiare!

Di solito, alle prime armi, si parte con un prodotto altrui, come ad esempio nell'affiliate marketing, per poi comprendere che deve arrivare l'ora di proporre qualcosa di proprio per eliminare la dipendenza da chicchessia. E' semplicemente un evoluzione!

Se avrai concepito e fabbricato un qualcosa di difficilmente replicabile (come un libro), potrai venderlo con notevoli soddisfazioni. Per poterlo vendere bene, dovrai poter contare già su un forte brand alle tue spalle che promuoverai ed eleverai costantemente e che rimarrà sempre e comunque tuo anche se cambierai il tipo di business. Per partire con il piede giusto, è questo ciò su cui dovrai focalizzarti, fidati di me, perché ho commesso tanti errori prima di comprenderlo e vorrei evitarti inutili dissipazioni di tempo e di denaro!

Come ricercare un prodotto?

Dopo aver studiato approfonditamente il mercato di riferimento ideale tenendo conto dei tuoi competitor, grazie anche allo step precedente, inizierai con l'avere una visione chiara e delineata del prodotto finale. Se offrirai un qualcosa che le persone vorranno davvero, è molto probabile che lo compreranno anche quasi senza fare marketing. Come? Il tuo prodotto/servizio dovrà soddisfare un bisogno percepito, dovrà risolvere un problema che attanaglia la gente, dovrà soddisfare una necessità che il potenziale cliente vorrebbe non avere. Parlando, chiedendo, interfacciandoti, relazionandoti, leggendo recensioni negative, comprenderai quali sono le esigenze del cliente rispetto a quel determinato prodotto. Se proprio non potrai partire con un qualcosa di tuo, non dovrai fare altro che correggere, perfezionare, migliorare uno già esistente, per essere già molto avanti con il tuo lavoro di ricerca. Prenderai appunti sul tuo piano e rimarcherai ciò che il cliente finale desidera ricevere, per poterglielo dare. Le domande cui dovrai dare risposta saranno sempre le stesse e te le riassumo qui di seguito con dei principi assoluti di vendita:

-Come posso migliorare la quotidianità del cliente? Chiediglielo!
-Quali sono i suoi bisogni, problemi, esigenze, necessità? Chiediglielo!
-Il tuo prodotto risolve una o più di queste capacità? Chiediglielo!
-Concede dei benefici? Come? Chiediglielo!
-Saresti in grado di produrlo? Studio di fattibilità!
-Come sarà il messaggio da mostrare per elencare tutti i suoi vantaggi? Copywriting persuasivo!
-Il prodotto è emotivamente magnetico? Sai come attrarre? Capacità di Marketing!
-Perché il cliente deve comprare da me e non da altri? Vantaggi competitivi!
-Come pensi di costruire un indispensabile relazione col cliente? Fiducia percepita!
-Stai ascoltando i tuoi clienti? Raccogli i feedback, fai interviste e/o sondaggi!
-Hai già attivato un efficiente processo di comunicazione continua con il potenziale cliente (Customer care)? Conversione continua e veloce che permetterà di consolidare gli acquisti, creando dei fan?

Orbene, le regole generali del Branding e del marketing consigliano di individuare un prodotto/servizio che nasca da un'idea originale, avente un nome idoneo (da registrare e proteggere) che potrà concederti unicità tramite un bel logo e una bella frase magnetica d'impatto, facilmente memorizzabile nel cervello del cliente. Ogni prodotto dovrà avere un brand differente, se vende è bene altrimenti andrà fuori catalogo e dovrai ricominciare perché ciò significherà che avrai sbagliato in qualcosa nel processo. Quando, finalmente, troverai la tua formula vincente, replicarla sarà un gioco da ragazzi perché dovrai moltiplicare le tue rendite per non dipendere da una sola e labile (come fanno gli stipendiati).

A questo punto, dovessi avere le idee ben chiare, non ti dovrebbe rimane altro che procedere alla pianificazione della costruzione di quella che io chiamo, performante "rete mediatica personale" di cui abbiamo già parlato. Se farai un buon lavoro, in una determinata nicchia di mercato si comincerà a parlare di te e il "traffico" (numero di visitatori nell'unità di tempo) lieviterà a vista d'occhio. Ricordati che stiamo costruendo una "macchina efficiente", quindi, impegnati al massimo specie nelle fasi d'avvio, per poter poi, vivere di rendita.

Quali sono gli elementi che dovrai prevedere nella tua rete, per emergere nella massa?

Insieme alle allenabili e migliorabili capacità di vendita e all'imprenditorialità, la terza capacità indispensabile a chi ha la giusta motivazione di chi vuole arrivare a tutti i costi è: la **creatività**! Questa porterà a distinguerti nettamente da tutto ciò che abbiamo già intorno e determinerà grande curiosità agli occhi del possibile cliente, proprio come spiegato perfettamente nella "mucca viola" di Seth Godin.

A questo punto, il primo passo da fare è quello di acquisire le giuste competenze per fare quel salto di qualità necessario per elevarti ad un livello successivo. Necessari per formarsi adeguatamente prima di passare all'azione sono corsi specifici sul marketing e sulla gestione d'impresa, dopodiché consiglio di leggere il predetto libro ed esercitare le proprie doti di inventiva ed estro tramite un percorso di Copywriting persuasivo o Growth Hacking perché, in assoluto, la parte più importante per crearsi una presenza online, è la qualità dei contenuti ed il messaggio che lo veicola. Ripeto, la cosa più importante in assoluto, è il valore del contenuto e il messaggio che lo veicola che concederai alla tua audience, che va ben oltre la modalità con la quale lo divulgherai. Se lanci un messaggio che nessuno cerca e ancora peggio, nessuno vorrà ascoltare, come potrai mai aver successo, in un ambito sempre più competitivo? Se vorrai ricevere, dovrai dapprima dare senza pretendere nulla in cambio se non una mail del visitatore, non ci sono altre strade, non ci sono scorciatoie! La gente, per aver fiducia in te ci metterà un pochino, ma non demordere e vai avanti come un treno nonostante la derisione delle persone a te vicine. Col tempo la tua influenza inizierà a lievitare e solo allora potrai toglierti tutti i sassolini dalle scarpe! Work hard, sempre e in qualsiasi cosa tu voglia intraprendere!

La reputazione Online è essenziale

Dopo la ricerca di una nicchia profittevole, l'obiettivo essenziale, sarà la costruzione di una reputazione integerrima attorno al tuo marchio, che in gergo è denominata "Branding reputation". Essa è un processo tendente a esprimere una benevola considerazione nei confronti di un prodotto/Azienda/professionista per rendere peculiare, unica, differente, una tua offerta rispetto a quella dei concorrenti. Un Brand gode in virtù della sua capacità nel soddisfare le aspettative del pubblico nel corso del tempo. In altri termini è l'opinione diffusa, la reputazione, il valore percepito e la raffigurazione di ciò che l'Azienda vuole dimostrare e che la gente avverte nel ritrovare il logo (figura o parola registrata) che la rappresenta e che permette di farla riconoscere ovunque.

Per tale motivo, dovrai incentrare il tuo business sul tuo prodotto, o su te stesso qualora il "prodotto" fossi tu; impara a mostrarti, ed avere un'identità ben definita perché senza foto sul profilo non andrai molto lontano! La fiducia è una risorsa molto scarsa sul web e per poterne avere, dovrai focalizzarti davvero tanto sulla tua reputazione percepita. Pensa in grande, non immaginare dei limiti, già dall'inizio, e possibilmente non limitarti alla lingua italiana (sessanta milioni contro miliardi di persone). Solo così potrai raccontare i tuoi valori personali ad una grande audience, potrai puntare su un progetto davvero duraturo nel tempo, potrai finalmente fidelizzare i clienti assidui, potrai elevare il valore percepito con un funnel e dimenticherai le guerre tra poveri nel ribasso dei prezzi.

Passo 1 – Esplora!
Per creare una considerevole presenza online con relativa facilità, dovrai impiegare del tempo nell'esplorazione. Ti dovrai concentrare sulla tua nicchia e analizzare i tuoi migliori concorrenti: chi sono, cosa fanno, come fanno marketing, se hanno recensioni negative o post nei quali i clienti si lamentano, per imparare dai loro errori con l'obiettivo di posizionarti come leader in un ambito vicino ma alternativo. La notorietà e l'immagine che darai di te stesso, in un pubblico di riferimento, agevolerà il consolidamento delle vendite e gli aumenti del fatturato. Questa scelta non è facoltativa ma obbligata perché la competizione diventerà sempre più alta e se non offrirai costantemente un qualcosa di unico e qualitativo, non riuscirai nella tua missione: concedere valore al tuo pubblico! Come? La strada è solo una: creare contenuti che possano davvero aiutare la tua community.

Passo 2 – Scopri la tua migliore capacità!
Per iniziare nella maniera più proficua, dovrai capire prima possibile qual è la tua migliore capacità comunicativa, nonché esser bravo a scegliere quali format che vanno meglio di altri, hanno più "engagement" (coinvolgimento), feedback e condivisioni virali per poi concentrati su di essi! Non sei tu che decidi, ma l'audience, sia dei clienti che di coloro che ancora non lo sono! Anzi, sono proprio questi ultimi, insieme agli haters, i più costruttivi nei commenti, spesso non ortodossi, ma certamente più sinceri nei confronti di ciò che non apprezzano nei nostri spazi e che dovremo pensare di migliorare quanto prima.
Quindi, cerca di capire prima possibile se hai più marcate capacità di scrittura o che magari riesci a sentirti a tuo agio a raccontarti in video dinanzi ad una telecamera. Una cosa è certa: dovrai iniziare per sapere qual è la tua capacità comunicativa dominante, quella che ti riesce meglio e che riesce a coinvolgere con migliori risultati.

Passo 3 - I migliori strumenti di condivisione!
Ma quali sono le condivisioni più efficaci in questo momento sul web? Esploriamole insieme in ordine di trend!

Video come Live/Dirette, video brevi, stories, webinar, Masterclass;
-I **video** sono in assoluto lo strumento più potente che potrai utilizzare per promuoverti perché avrai la possibilità di condividerli su tutte le piattaforme e sono relativamente semplici da produrre, anche da smartphone, nonostante la guerra dei formati in quanto ogni social cerca di imporre delle dimensioni specifiche, facilmente aggirati con app tipo *InShot* o *Youcut*. Ribadisco che non serve una grande

attrezzatura per girare dei video, quello che è importante e farà davvero la differenza, sarà il loro contenuto!

-Le **Live/dirette**, strumenti molto potenti, paragonabili ai video, e in alcuni casi anche di più perché esse ti metteranno a nudo, sarai percepito genuino, senza filtri, per quello che sei davvero, non avrai la possibilità di fare dei tagli quando sbaglierai ed emergeranno anche le tue emozioni personali. Avrai la grande opportunità di rispondere in real alle domande dei tuoi fan, quindi, ti consiglio di iniziare esclusivamente quando riterrai di avere la confidenza opportuna nel padroneggiarle, dopo la produzione di video.

-Le **storie (stories)**, sono uno strumento che ti permette di fare dei micro video, che durano 24 ore, nato con Snapchat e introdotto anche da Instagram, Facebook e sono esplose con TikTok. Inizierai quando avrai contenuti sufficienti da pubblicare ogni giorno in maniera costante e continuativa, oppure potrai improvvisare se riterrai di saperlo fare!

-**Webinar**, sono video lezioni online a cui si può accedere tramite piattaforme del tipo "Zoom" e tramite appositi inviti che condividerai nella tua rete multimediale. Contengono una chat per domande in diretta e possono essere registrati per tramutarlo in video da pubblicare successivamente.

-**Masterclass**, di solito sono lunghe dirette Youtube o che adottano software di condivisione mediatica come "Streamyard" che hanno la peculiarità di focalizzarsi e prolungarsi anche un'ora su un argomento specifico. E' uno strumento molto seguito ma capirai che dovrai avere dei notevoli contenuti per poterlo adoperare con successo.

Foto con descrizione congruente
Utilizzare foto accattivanti, in post con testi magnetici sono strumenti semplici e con grandi potenzialità per far fermare i visitatori nei tuoi spazi. Puoi pensare di produrre anche semplici infografiche con dei "passo dopo passo" e se non le sai realizzare, potrai farti aiutare da un grafico in outsourcing.

Audio podcast, in forte ascesa ed utilizzati da tanti perché considerati come il futuro dell'intrattenimento mobile perché basteranno un paio di cuffiette per poterne fruire come, peraltro, già visto per il boom degli audiolibri al posto della lettura tradizionale. Sarò sincero, anch'io non ci credevo ma dopo averli utilizzati, mi sono convertito all'ascolto perché con esso riempio i miei tempi morti di trasporto.

Articoli, post sul blog
Io amo scrivere e non lo vedo come un sacrificio ma non vale lo stesso per tanti altri! Gli articoli completi funzionano molto bene sul web, specie se contengono Keywords e sono indicizzati al SEO. Qualora non avessi capacità di scrittura potrai assoldare dei Ghostwriter su "Fiverr" che ti produrranno articoli competenti, per pochi euro. Se una persona è alla ricerca di qualcosa, utilizzerà ovviamente Google che qualora ti mostrasse in prima pagina, avrai molte chances di ricevere visite organiche da un pubblico che non ti conosceva. Dopodiché, dovrai avere un buon sito che converte il visitatore in possibile cliente.

Passo 4 –I contenuti più efficaci?
Questo è uno dei problemi più grandi che affligge lo storyteller, cioè colui il quale deve raccontare perché non sa

mai perfettamente su cosa destinare l'attenzione della propria produzione.
Ti starai chiedendo: ma come ricerco i contenuti migliori? Che ne so quali sono quelli che la gente cerca davvero? Io mi avvalgo di portali preposti ad agevolare tali scoperte. Quali sono? In primis, Google Trend, Exploding Topics, Answerthepublic.com e ubersuggest, nei quali inserirai Keywords o argomenti principali e ne scoverai di correlati e sempre in ordine di ricerca popolare.
Poi ti consiglio di realizzare una mappa mentale o concettuale su un foglio di carta. Praticamente, al centro del foglio di carta, scriverai "contenuti" in un cerchio. Dovrai far partire dei rami per ogni argomento che vorrai trattare e da essi altri sotto temi attinenti e pertinenti per costruire il miglior piano editoriale possibile! Facendo ciò, avrai modo di avere sott'occhio tutte le attività che dovrai svolgere. E' molto utile soprattutto perché ti darà una visione d'insieme e saprai esattamente quando e cosa pubblicare.

Vediamo quali saranno i contenuti più efficaci, in relazione alla tua nicchia di riferimento.
-News, sono le più potenti in assoluto, come l'esempio dei trend di Montemagno, sempre pronto a trattare gli argomenti più di attualità e trendy con risultati noti a tutti;
-Novità nel tuo settore, perché per ricevere dalla tua nicchia, dovrai prima dare contenuti aggiornati e di qualità! Studia il settore costantemente e condivi prima di altri le notizie più impattanti.
-Opinioni personali, non pensare che rimanere "neutro" possa portare dei benefici, tutt'altro, schierati, esponiti, enuncia il tuo pensiero personale, anche se qualcuno la pensa diversamente; la gente compra te e poi il tuo prodotto!

-Storie tue o dei tuoi clienti, le persone amano le storie ed ancor più le serie, si immedesimano nella tua vita e vogliono sapere come andrà a finire; trasmetti messaggi portando gente nelle tue storie che possano aiutare la gente che ti segue, con la tua esperienza o l'altrui!
-Le testimonianze, vanno forte sui social perché sfruttano una delle leggi del Cialdini; la gente odia sbagliare e si rifà alle esperienze altrui verso quel determinato prodotto/servizio, prima di acquistarlo (come le recensioni per Amazon);
-Le interviste, sono uno strumento molto valido, ti permetteranno di associare il tuo brand alle persone che intervisti come influencer, coloro che hanno una competenza maggiore della tua all'interno di un settore complementare, fornitori con molte competenze o partnership con altri siti famosi per pubblicità vicendevole.

Passo 5 – Dove andrai a postare?
Oltre a comprendere qual è la tua dote espressiva dominante, quali sono i contenuti che ti riescono meglio, dovrai analizzare quali potrebbero essere i social sui quali tendenzialmente potrai avere più seguito. Personalmente su "Trello" ho realizzato un cosiddetto Piano editoriale che ho intenzione di trattare in qualche mia prossima pubblicazione e renderlo anche condivisibile al grande pubblico.

Per grandi linee, personalmente io mi avvalgo dei seguenti spazi social:
-Un completo e performante Portale personale con Blog per articoli magnetici da condividere e funnel marketing in cui richiedo la registrazione a fronte dei miei utili e pratici allegati alle mie opere; con le registrazioni dei followers costruirai una mailing list perché, come dicono negli States,

"money are in the list" cioè, il denaro è nelle tue liste e per tale motivo devi ingrandirle, perché in seguito dovrai studiare come promuovere lo sviluppo e la vendita in "upselling" ai tuoi clienti, tramite "high ticket" cioè prodotti/servizi a maggiore costo basati o no, sul primo e la vendita incrociata su diversi prodotti (cross selling).

-In ogni post inserisco collegamenti ai social più importanti, sui quali ho creato pagine abbastanza seguite, rispettivamente su pagine tematiche Facebook, canali Youtube, Instagram, il professionale e immancabile Linkedin e poi, magari, Twitter, Tik Tok e Pinterest; questo lavoro deve avvenire senza sosta! Inizierai con l'investire pochi Euro al mese in Ads (Advertisement, pubblicità a pagamento) testando ed analizzando tutti gli incroci e reinvestirai i guadagni in sempre più Ads per incassare sempre più con notevole soddisfazioni personale.

Come in tutte le tipologie di attività, tutto sarà direttamente proporzionale al tuo impegno e al tempo dedicato a essa. Nessuno ti regalerà mai nulla e dovrai pianificare e raggiungere obiettivi sempre più ambiziosi!

Passo 6 – Come diventare virale?

In piena crisi pandemica, il termine "virale", sottende il diffondersi velocemente di contenuti per impattare su più persone possibili, al costo minore!

Come fare? Analizziamo qualche semplice sistema:

-**Con le share**, cioè con le condivisioni di quelle persone a cui il post ha concesso del valore; ovviamente, non sempre i migliori video hanno successo perché non devi mai dimenticare che la gente va sui social essenzialmente per perdere tempo e non per altro!

-**Con raggiri all'algoritmo**, perché quasi prevedibile e condizionabile, ad esempio, aumentando il tempo di visualizzazione (watchtime) è probabile che l'algoritmo ci favorisca perché il suo obiettivo è trovare autori che tengono persone incollate sulla piattaforma grazie alle Masterclass, le Live/Dirette, ecc. Per gli altri social, invece, quando riesci a bloccare la gente mentre scrolla le pagine (stop time), l'algoritmo se ne accorge e ti premia con la viralità!
-Con Ads, con la pubblicità a pagamento, ovviamente, favorisci la viralità del contenuto in maniera "non organica".

Se ti impegnerai a seguire questi consigli e a focalizzarti sulla produzione e condivisione di interessanti contenuti nella tua nicchia, con una buona frequenza di pubblicazione, la gente si abituerà alla tua capacità, inizierà a fidarsi di te con i follow e i like e anche se non gli avrai mai detto "compra", alla fine lo farà e ti consiglierà ai propri amici, diventando un tuo vero fan!

Passo 7 – Come migliorare costantemente?
Dopo aver somatizzato e pianificato come fare Branding reputation, dovrai identificarti con un determinato stile che funzioni tramite le relazioni attive con la tua audience, che avranno riscontro chiedendo pareri, opinioni e consigli che valideranno o meno la tua idea. Fai leva sulla forza virale dei social. Crea un seguito di fan affiatati, cui dare valore con le tue informazioni o prodotti (anche se non l'hai ancora) e che possano diffondere il tuo messaggio ai propri amici e conoscenti, "amplificando" la trasmissione!
Coltiva la continua relazione con essi, così che siano desiderosi di acquistare da te al lancio, anche su altri livelli. Fai test, test, test e scegli sempre la strada più performante,

abbandonando le altre. Specie all'inizio, genera continuamente traffico, un flusso inarrestabile di visitatori da convertire, perché è questo il vero segreto sul web: come in una città, un ipermercato, le strade con più traffico sono quelle nelle quali gli imprenditori non si lamentano mai per le vendite. Il traffico deve essere "in target", inutile proporre carne ai vegani! Deve provenire da canali social e non, gratuito e a pagamento, dovrà garantire subito un guadagno una volta messo in vendita il prodotto, perché solo così potrai continuamente autofinanziarti. Sempre più persone sui tuoi canali, aumenteranno sia il numero degli iscritti (riprova sociale) che il numero di interazioni per ambire a sempre nuovi e più ardui obiettivi. Ti vorrei portare a fare una considerazione: se fossi un commerciante ambulante a chi venderesti se dinanzi alla tua bancarella non ci fosse nessuno? Con internet vale la stessa cosa! Dovrai poter contare su diversi mercati per portare molta gente nei tuoi spazi in occasione del lancio del tuo prodotto. Rammenta che viviamo l'era dell'attenzione ed è un bene sempre più scarso. Bisognerà creare contenuti magnetici, che sappiano attrarre con la curiosità, dalle tante distrazioni dei social. Questo sarà fondamentale per poi poter vendere e far espandere il tuo brand con il passaparola online. Nel frattempo, potrai guadagnare con la tua rete, anche tramite metodi paralleli, già elencati e facilmente integrabili, come Google AdSense, banner marketing, popup marketing e affiliazioni dietro compenso.

Come creare un piano editoriale

Per comprendere l'utilità di un piano editoriale possiamo paragonarlo a un navigatore nel nostro viaggio verso il successo. Orbene, se abbiamo una destinazione finale o intermedia da raggiungere, nel navigatore inseriamo una serie di informazioni ed esso ci guiderà all'obiettivo.
Il piano editoriale serve a questo: inseriremo tutti i dati di percorso che ci servirà raggiungere, per pervenire alla destinazione finale, qualsiasi essa sia. Tratterò i punti fondamentali per creare un piano efficace ed efficiente che ci supporti nel nostro arduo obiettivo promozionale per ritagliarci una bella fetta di traffico all'interno della vasta e smisurata rete internet.

-Definire obiettivi raggiungibili e determinabili. Infatti, sarà necessario stabilire (sempre per iscritto) degli obiettivi che siano molto specifici e misurabili, e non indeterminati. Non posso ambire ad avere più vendite ipotetiche dal sito, ma dovrò determinarle numericamente come "vorrei 30 vendite al mese", oppure "vorrei ottenere 50 like al mese sulla mia pagina Facebook" oppure "vorrei 3000 visite al mese sul mio sito", ecc. Questi sono obiettivi specifici e misurabili che possiamo inserire all'interno del nostro piano editoriale.
Altri esempi di obiettivi, sono la Brand awareness, l'aumento dell'engagement (interazioni e like) e l'aumento delle conversioni (vendite).

-Cercare la tua **audience**. Sai verso chi rivolgere i tuoi sforzi? Se non conosci i tuoi possibili clienti, come potrai mai creare delle strategie attagliate ed efficaci?

Per iniziare nel migliore dei modi, ritengo sia davvero essenziale e basilare partire dalla definizione di quella che in gergo si chiama "**Buyer Personas**" cioè l'identikit del proprio follower e/o cliente tipo. Dovrai scoprire il più possibile sulle sue caratteristiche, sulle competenze, sulle abitudini dei tuoi sostenitori così da fornirgli contenuti specifici di alto livello da poter essere condivisi e magari resi virali.

OK se all'inizio avrai la necessità di postare per uno o due mesi su qualsiasi social per capire quali sono quelli che rispondono meglio al tuo messaggio. Quanto prima dovrai capire qual è il laghetto con il maggior numero di pesci affamati, prima di calarvi l'amo con la tua esca! Scegli le piattaforme social, comparando solo i dati, non ad intuito, e l'unico sistema efficace che conosco è appunto il testing, cioè testando, provando su ognuno e analizzare i dati per comprendere le risposte migliori.

Secondo il mio personale modo di vedere, il mercato è l'unico capace di validare delle indicazioni molto chiare e precise. Come faccio personalmente? Effettuo un Ads aperta (pubblicità a pagamento) senza limitazione alcuna, per una-due settimane, e analizzo i dati che mi derivano da ogni piattaforma per crearmi il mio personale prototipo di buyer! Una volta compreso il profilo del nostro follower tipo, partiremo con quei social sui quali ne troviamo in maggior misura. In futuro, potremo espanderci su tutti gli altri, magari con contenuti differenti per passare dall'amo all'utilizzo della "rete mediatica" da pesca!

-Creare le strategie. Quella più sbrigativa ed efficace è certamente quella di seguire ed osservare attentamente i tuoi mentori, coloro a cui ti ispiri, meglio se grossi e possibilmente stranieri per essere sempre trendy ed essere avanti ai tuoi competitors nazionali.

Se hai l'obiettivo di fare 100 like sulla pagina Facebook, dovrai stabilire quali contenuti usare per ottenere questo risultato. Per esempio possiamo pensare di fare due nuovi video in questo mese oppure di fare un video e un post, oppure due post, dipende molto da quella che è la tua migliore modalità comunicativa, come abbiamo detto proprio in precedenza. Dopo aver pensato al contenuto, possiamo pensare alla promozione. I contenuti devono essere "aiutati" ad essere divulgati perché a livello organico (senza intervento) si muove molto poco su Facebook, quindi si deve pubblicizzare a pagamento per far sì che i nostri contenuti vengano visti da più persone possibili. La variabile più importante nelle strategie è il tempo, cioè quanto impieghi per creare un contenuto del tipo voluto! Dopo averlo analizzato, magari utilizzando software appositi per la temporizzazione, tipo "Toggl", ti troverai dinanzi ad un bivio, dove dovrai scegliere tra due possibili opzioni: o lo fai tu, o lo fai realizzare a pagamento su Fiverr con pochi euro. All'inizio, realizzavo gli articoli e pubblicizzavo io stesso ma non ero capace e quindi inserivo 5€/al giorno di Ads per ogni video e accadeva, ovviamente, che non avevo un grandissimo riscontro. Successivamente mi sono strutturato meglio, ho fatto un corso di marketing su Facebook ADS, e copyright, ho reinvestito ed aumentato il budget che ho messo a disposizione di questa attività e ho incaricato una persone di aiutarmi nelle sponsorizzazioni. Se tu sei all'inizio, potrai cominciare come ho fatto io e muoverti in maniera autonoma, per sondarne i risultati, poi magari potrai organizzarti meglio e riuscirai a farti aiutare da consulenti esterni (outsourcing) per variare notevolmente i risultati, dietro compenso.

-Creare un calendario editoriale. All'inizio non credo ma se hai più obiettivi da perseguire, avrai sicuramente più strategie da applicare singolarmente. Il calendario editoriale (internazionalmente, **Content plan**), all'inizio potrà essere semplice ma con l'ampliamento dell'attività, prenderà sembianze sempre più complesse. Partirai con poche liste essenziali che ti possano dare l'idea dell'organizzazione finalizzata al minor spreco possibile di tempo.

Sei davvero fortunato! Ti verrò in aiuto anche in questo, tramite una condivisione pubblica (cerca il mio nome) di un mio piano editoriale direttamente sul programma che utilizzo d'elezione: **Trello**, completamente gratuito per ciò che ci serve realizzare! Sinceramente, ve ne sono anche altri come Asana, Notion, Google Calendar in Drive, ecc. ma con quello che ti ho indicato, ti ho già preparato tutto senza alcuna perdita di tempo!

Vi troverai tutte le sezioni di cui ho parlato finora, che potrai ovviamente personalizzare day by day. Quindi, già dall'inizio, utilizzerai un pratico calendario che ti permetterà di pianificare **TUTTO**, ogni strategia, su ogni social differente differenziato per colore differente, quando e dove dovrai pubblicare e quale contenuto utilizzare. Diverrà una sorta di diario dei contenuti che ti farà avere il controllo su ogni dettaglio del tuo piano di viaggio, verso la tua destinazione. Utilizzando il calendario editoriale avrai modo di avere sott'occhio tutte le attività che dovrai svolgere.

Utilizzandolo, ti accorgerai che è molto utile soprattutto perché ti darà una visione d'insieme e saprai esattamente quando e cosa pubblicare in futuro.

Ricordi la mappa mentale, orbene dovrai trascrivere tutto sulla bacheca di Trello. Ti faccio un esempio pratico: ho un sito che dovrà trattare materie primarie come il Risparmio, l'Investimento e la Gestione dei guadagni; ognuno di questi rami primari si svilupperà in almeno altri 5 rami secondari come Risparmio quotidiano, Risparmio energia elettrica, Risparmio benzina, Risparmiare sul mangiare, Risparmio in banca, ecc.; ognuno di questi sotto argomenti diverrà un articolo che elencherò per priorità e mescolerò agli altri argomenti primari (ho realizzato un video apposito che ti sarà molto utile visionare).

Ti starai chiedendo: ma come ricerco tutti questi contenuti? Che ne so quali sono quelli che la gente cerca davvero? Semplice, ti verranno in aiuto portali che ti agevoleranno tali scoperte. Quali sono? In primis, *Google Trend, Exploding Topics* e *Answerthepublic.com, ubersuggest*, nei quali inserirai le Keywords o argomenti principali e ne scoverai di correlati e sempre molto ricercati per svilupparne articoli magnetici e coinvolgenti.

-Come monitorare tutto. E' molto importante avere sott'occhio come stanno andando le tue strategie e le metriche. La pagina Facebook ha gli insight, lì troverai tantissimi dati che ti permetteranno di capire se la tua strategia sta funzionando bene o è necessario fare delle modifiche perché non sta performando a sufficienza. Un altro strumento fondamentale per monitorare le performance che stai facendo sul web è *Google Analytics*, anche qui avrai tantissimi strumenti, oltretutto gratuiti, per capire se stanno performando le strategie che stai applicando.

Questi tool ti permetteranno di usufruire del tuo primo piano editoriale, poi magari crescendo sul web avrai bisogno di strutturarti in maniera differente, quindi, a quel punto incaricherai dei professionisti che ti potranno aiutare ma per ora posso garantirti che questi passaggi sono già sufficienti per promuoverti online, in maniera davvero coinvolgente.

Come creare video in 5 passi per promuoversi

Penso che ormai siano noti i vantaggi di essere riconoscibili e riconosciuti sul web. Ho già trattato quali dovrebbero essere i contenuti e gli strumenti, quindi ora ti aiuterò a concentrarti sulla creazione della tua vetrina online, sul come produrre il contenuto ritenuto il più potente in assoluto per la nostra comunicazione efficace al pubblico, i video!

I vantaggi sono molteplici, non solo per le performance e la capacità di penetrazione. Infatti, la produzione di video ben fatti permette anche un molteplicità di utilizzi. Ecco un esempio. Con un video di più di tre minuti (più efficace su Facebook e Youtube) ne potrai ottenere:
-più estratti di meno di un minuto per Tik Tok e Instagram, utilizzando anche il comodo e nuovo strumento Youtube in postproduzione (ritratto da una forbice capace di estrarre pezzi di video);
-potrai estrarre solo l'audio per alimentare facilmente il tuo podcast;

-potrai utilizzare la trascrizione del testo per utilizzarlo come post;
-potrai produrre diversi formati con Smartphone App come InShot o YouCut per adattare il video a tutte le altre piattaforme social (l'importante sarà centrare il viso all'interno del display di ripresa).
Quindi, con un pò di pratica, dovrai concentrarti sul produrre un unico ottimo contenuto periodico che potrai "sfruttare" in molteplici altre occasioni per diversificare la tua audience su tutti i social per verificare quali sono quelli più efficaci in termini di valutazioni metriche.

Passiamo ora all'atto pratico, all'azione vera e propria per definire i facili passaggi da compiere verso la creazione efficace del video. Inizio col dire che nel piano editoriale condiviso in Trello, potrai anche trovare i sei step per la creazione di video efficaci oltre agli otto step per gli articoli, insomma, non vi manca proprio niente!

Ricapitolando il passo dopo passo, annovera:
-La ricerca dell'argomento. La chiamo semplicemente, scrittura dello script, e ti dico che qui si bloccano la maggior parte delle persone perché pensano di non avere un argomento abbastanza interessante. Non credo che sarà un problema per te perché ti ho già indicato la via e sarà del tutto similare alla creazione di articoli/post!
-La struttura del video. Utilizzo un semplice foglio, lo metto in orizzontale e scrivo argomento con le Keyword, breve introduzione, almeno tre punti da trattare e poi la chiusura, infine, nello spazio laterale, inserisco altre parole chiave che potrei utilizzare.

La gente apprezza i video spontanei, ma sappi che ci sono youtuber che si scrivono tutti i testi e magari o se li studiano o utilizzano uno strumento molto interessante che si chiama teleprompter che, come in TV, ti permette di leggere mentre guardi in camera, senza avere gli occhi che vanno in un'altra direzione.

-Preparare il set e l'attrezzatura. Avere un set professionale sicuramente aumenta la qualità dei tuoi video e aumenta la percezione delle persone che ti guardano però all'inizio puoi tranquillamente partire semplicemente da uno smartphone moderno con buone prestazioni, un bastone selfie e un microfono a condensazione da pochi euro perché ritengo che l'audio fluido sia davvero molto importante. Con questi strumenti potrai cominciare tranquillamente a girare i tuoi video, meglio se in esterna per non aver neanche bisogno di luci artificiali. Inizia subito e ci sarà tempo per migliorarti.

-Il montaggio. Questa è una parte delicata e importante. Ne ho già parlato ed ho indicato anche le app che utilizzo per questa fase. Ti consiglio di visionare qualche video su Youtube per acquisire velocemente delle competenze. La pratica ti farà perfezionare sempre più.

-Creare un abitudine. Dovresti sempre ricordare le potenzialità di questo format per la tua promozione. Qualora riuscissi a seguire esempi come Montemagno che per un anno ha creato un video al giorno divenendo un'icona vivente, ti chiedo: saresti capace di fare altrettanto? Se questa diverrà un'abitudine, sicuramente acquisirai dei benefici incredibili nella tua nicchia e oltre!

Come costruire un prodotto/servizio

Questo è il momento in cui devi mollare qualsiasi cosa per focalizzarti completamente sulla produzione del tuo prodotto/servizio, perché tutto dovrebbe esser già pronto alla monetizzazione. Ti rammento che le persone non comprano un semplice prodotto ma acquistano te, la fiducia che gli avrai ispirato ma anche le emozioni che riuscirai a far percepire, un pò come avviene per la pubblicità televisiva (Esempio, Mulino Bianco), per questo ti consiglio di differenziarti, creando delle storie che possano tornare in mente al cliente! Poi il Branding renderà unico il prodotto perché lancerà il tuo messaggio univoco, in maniera efficace! Ricorda di avere un forte "perché" e di sapere come comunicarlo per completare il tutto! Nella ricerca abbiamo già abbozzato come procedere con la vendita, tranne che per un solo caso: quello in cui decidessi di voler generare un prodotto fisico da zero per essere unico e innovativo. Innanzitutto, dovrai poter disporre di un investimento di gran lunga superiore rispetto alla modifica di prodotto già esistente, perché sono richiesti stock iniziali molto più corposi che necessitano anche di logistica più complicata da gestire. Questa grande sfida è denominata internazionalmente come Original Equipment Manufacturer (OEM) cioè prodotto originale progettato e fabbricato insieme al produttore e che probabilmente sarà un passo successivo, non il primo, perché ritengo si debba avere molta più esperienza per realizzarlo. I vantaggi sono sotto la luce del sole: prodotto personalizzato, brandizzato e distribuito in regime monopolistico ad alta scalabilità anche tramite startup. Lo so, non sembra per nulla facile, ma se solo sapessi quanti nuovi prodotti sono immessi sul mercato ogni anno, non crederesti alle statistiche.

Il consiglio migliore che posso darti per realizzare un prodotto tutto nuovo è quello di pianificare utilizzando il "Metodo Sprint" che cercherai su Google e ti accorgerai delle tante analogie con il mio Pi-Prac perché, di base, comprende un dettagliato step by step che terrà conto di:
-Pianificare e mappare con il metodo **S.W.O.T.** che terrà conto di punti di forza (Strenghts) - debolezze (Weeknesses) - opportunità (Opportunities) - minacce (Threats);
-Schizzare e dividere, disegnando e sviluppando anche altre soluzioni alternative possibili in base alle tue risorse;
-Decidere, scegliendo la migliore possibilità;
-Passare all'azione precoce, producendo subito un prototipo, dando priorità all'usabilità e poi all'estetica.
-Controllare col testing e validare, mostrandolo a clienti reali e attendendo feedback per eventuali migliorie da apportare.
Nello sviluppo del metodo, dovrai tenere sempre a mente che i bisogni incontrano il mercato e che un buon prodotto vince sempre! Non cercare mai di imporre il tuo pensiero ma concedi al pubblico sempre ciò che esso stesso richiede.

Vendere senza vendere col Marketing

Il successivo passo fondamentale è quello di indurre il tuo pubblico ad acquistare i tuoi prodotti o i tuoi servizi, senza venderglielo! Orbene, tu personalmente, conosci la differenza tra marketing e vendita? Sapresti articolare una breve definizione di marketing? Chiunque parla di marketing, ma pochi ne conoscono il vero significato! Non ci credi? Prova a fare queste stesse domande a dieci dei tuoi amici e mi darai ragione! Ok, ora condividerò con te una mia definizione che ingloba ambo i termini che potrai facilmente ricordare in futuro: Il marketing è quel complesso di azioni analitiche che permette di attrarre il cliente finale alla vendita. Facile no! In sintesi, marketing spesso abbreviato in "Mktg", prende origine dal termine inglese market (mercato) e sta per commercializzazione o mercatologia (studio del mercato). É ormai un ramo dell'economia che si occupa dello studio descrittivo del mercato e dell'analisi degli strumenti che perfezionano l'ottimizzazione delle azioni rivolte all'interazione tra mercato e venditore! Sinteticamente, queste azioni analitiche sono rivolte a cinque settori funzionali: il prodotto, la ricerca, la strategia, la pubblicità online e offline, il Branding. Introduci queste cinque voci nel tuo "piano di marketing" obbligatoriamente scritto e contestualizzato in un "Business Plan" globale, che vedremo più avanti e più dettagliatamente nell'apposito prossimo libro della stessa collana, quando potrei avere la necessità di costituire un'impresa reale!

Nell'online, l'utilizzo del marketing è quasi obbligato perché l'attenzione del possibile cliente è così scarsa, ma così scarsa, da dover cercare di fare colpo istantaneamente per far maturare la volontà di continuare a guardare il contenuto che poi potrebbe concretizzarsi in una vendita. Per questo dovrai cercare di vendere creando valore anche per chi non acquista, appunto vendere senza sembrare un venditore, perché la gente ama comprare ma non ciò che gli si propone. Penso tu abbia compreso che anche se offri il miglior prodotto al mondo, ma non hai una buona strategia di marketing, finirai col vanificare tutto. Conseguenzialmente, per ottenere la giusta attenzione e consenso dell'audience, la strategia dovrà essere improntata alla persuasione. Non potrai fare marketing o non potrai verificare l'operato di un'agenzia cui avrai demandato, eventualmente, tale importante processo, se non conoscerai le sei regole della persuasione dell'emerito Professor Robert Cialdini, un vero e proprio guru della materia, di cui ti consiglio l'acquisto del Bestseller "Le armi della persuasione". Presumo che la curiosità sia a livelli top e allora vediamo sinteticamente queste regole nelle quali riconoscerai anche i comportamenti dei tuoi fornitori e negozianti:

-Reciprocità, predisporsi positivamente nell'approccio nei confronti del prossimo perché sarà più invogliato ad acconsentire a una mia proposta;
-Coerenza, la gente è predisposta a essere coerente con ciò che dichiari in pubblico. Usata spesso dai venditori, ponendo una domanda specifica, ad esempio: "Vuole risparmiare detersivo?". Dopo la risposta affermativa fanno appello alla sua coerenza, chiedendogli: "Allora prenda questo mocio e non ne utilizzerà affatto!";
-Riprova sociale, la gente detesta sbagliare e prendere fregature, quindi, sarà più facile che si fidi maggiormente se altre decine, centinaia, l'hanno acquistato prima di esse. È il meccanismo adottato dai like e dalle recensioni;
-Simpatia, ci predisponiamo meglio verso qualcuno che conosciamo cui noi per primi stiamo simpatici, o con il quale condividiamo gli stessi gusti;
-Autorevolezza, più credenziali ha un sito, un prodotto, una persona e più la consideriamo credibile e assecondabile;
-Scarsità, la propensione ad accettare offerte o proposte quando sappiamo che sono limitate nel tempo o nella quantità. Più una qualcosa scarseggia, è di difficile approvvigionamento, più tenderemo a volerla. Ad esempio, ultimi pezzi, domani sera scade l'offerta, ultimi cinque posti! Abbiamo visto cos'è il marketing, come pianificare e su cosa puntare per aver successo velocemente ma questo è il capitolo dedicato alla vendita e permettimi di darti qualche

consiglio "marketing oriented" cioè mirato alle tue finalità. Sul web troverai tanta spazzatura e finora l'avrò scritto almeno tre volte (e non è mai abbastanza) cioè che devi puntare a rispondere alla solita domanda: "Che cosa potresti offrire ai tuoi contatti per catturare i loro dati e creare una relazione finalizzata a concedere valore per poi vendergli qualcosa?". Non commettere l'errore che compiono in tanti di limitarsi a raccogliere le mail e spammare verso centinaia di persone stufe di caselle di posta stracolme! Cerca di variare la tua pesca, usa ami ed esche differenti, prova in fiumi, laghi e mari inconsueti per capire qual è la via più fruttuosa e perseguila.

Oltre alla rete mediatica, per il tuo Branding, potrai sfruttare alternativamente anche sistemi come i seguenti.
-Le comunità di fan appassionati per argomento dove solo successivamente ad essersi fatto conoscere e valere, potrai introdurre link su richiesta a tuoi prodotti, senza mai forzare la mano;
-L'influencer Marketing, tramite individui con ampio seguito di pubblico che hanno la capacità di influenzare i comportamenti di acquisto dei propri followers in ragione del proprio carisma e autorevolezza. Godono di maggiore credibilità perché non sono espliciti nella promozione del prodotto ma sembrano essere loro stessi che degli utilizzatori in primis. Se vorrai, potrai entrare in contatto con qualcuno di essi o con ricerche manuali o utilizzando siti d'influencer Marketplace o Ambassador program. Per richiedere collaborazioni dovrai inviare una mail con una proposta credibile per pubblicare contenuti in cambio di prodotti o denaro, o un programma di affiliazione;

-Creare Partnership con gruppi o pagine simili alle tue per uno scambio vicendevole di traffico;
-Ads a pagamento, dove pagherai per portare traffico targettizzato alla tua pagina di offerta. Se fatto bene è il più efficace perché investiresti uno per guadagnarne dieci.
-Valuta anche il retargeting, cioè la possibilità di visualizzare il nostro prodotto sui social di chi è già venuto a cercarlo o si è iscritto in una delle nostre liste. È uno dei sistemi attualmente più utilizzati grazie all'alta capacità di conversione!

Infine, non dimenticare mai, cosa stai vendendo, che problema risolve, chi è il nostro cliente tipo, perché dovrebbe comprare da noi! Solo così creerai un metodo valido! Dovrai ragionare da professionista, effettuando il bilancio settimanale che tenga conto dei risultati raggiunti. I più grandi venditori al mondo insegnano che il tuo obiettivo basilare, è la continua costruzione di una vasta rete di relazioni stabili basate su una sola parola: fiducia! Per questo ho consigliato di utilizzare a dovere tutte le piattaforme a disposizione per creare contatti con la tua "rete mediatica" utilizzando Google, Bing, Youtube, Fb, Instagram, Tik Tok, Snapchat, Pinterest, ecc. Che si parli sempre bene di te, contorniati di ottima aspettativa percepita e avrai finalmente tutti i clienti ai tuoi piedi.

Come controllare, valutare e espandere

Ad intervalli periodici, ad esempio ogni primo del mese, come per il bilancio delle tue risorse, dovrai anche procedere all'obbligatorio controllo valutativo del tuo Business. Esso dovrà necessariamente passare da ognuna delle fasi accennate finora per conoscerne lo stato di avanzamento in decimi o centesimi, da te attribuito. Gli ostacoli alla stesura di questa fase, che dovrai sormontare, sono sempre gli stessi e siccome li ho affrontati anch'io, te ne elencherò qualcuno, così da preparati in anticipo. Dirai che avrai poco tempo a disposizione, forse competenze tecniche insufficienti, consulenti maldestri e mai bravi, tempi biblici di realizzazione a tutti i livelli, poca voglia di cimentarsi con la matematica, ecc. Una strategia scritta e concreta tramite un plan, ti aiuterà a tenere tutto sott'occhio, senza mai farti sfuggire nulla! Il controllo è quasi più importante della realizzazione perché se non agisci sul timone della tua nave, immagina che fine potresti fare alla prima tempesta! Capito?

Per **espandere** il business (in gergo, scalare), se il sistema è degnamente collaudato, dovrai reinvestire parzialmente i profitti iniziali. Grazie all'effetto moltiplicatore del marketing, investendo più denaro ci sarà un conseguente aumento di profitti! L'allargamento sarà attuato principalmente attraverso il metodo più sfruttato globalmente, la **duplicazione**, cioè clonando ciò che ha dimostrato di funzionare a dovere, in qualsiasi settore. Per non trovarti impreparato, consiglio di pensare, da subito, a un grande successo del prodotto, così da settare adeguatamente, oltre la tua mente, anche tutta la struttura, dalla logistica, alla raccolta dei pagamenti, all'assetto fiscale, ecc.

Infine, conosco diverse esperienze di persone che, col sudore vero, hanno elevato un proprio Brand e dopo circa un quinquennio, gli è stato chiesto di vendere tutto con apposite "exit strategy", realizzando enormi plusvalenze e vitalizi percentuali, necessari per vivere finalmente di rendita, il resto della vita realizzando ciò che hanno sempre sognato di fare! Tu che aspetti?

"Penso che ogni approccio umano sia da reputare una tentata nostra vendita"!

08-MEGLIO OFFLINE O ONLINE?

Le statistiche più note ed attuali, ci fanno notare chiaramente che il 60% dei lavoratori intervistati, cerca ancora un lavoro tradizionale. Altro dato da tener in considerazione è che un 80% dei giovani riesce a costruirsi reti online molto più facilmente e il sito preferito, lavorativamente parlando, è *Linkedin*, importantissimo per formare nuovi rapporti e reti professionali. Dalla parte dell'imprenditore il confronto è indicibile! Ti sta balenando l'idea di aprire un'impresa in Italia (mai vocabolo fu così calzante!), come dicesi in gergo nerd: un'attività Offline? Sei davvero sicuro? Allora sappi che dovrai fronteggiare problematiche d'ordine superiore, tipo queste:

-**Gestione dell'infrastruttura** (ricerca immobile, pattuire affitti pluriennali con versamento anticipi, ristrutturazione, acquisto arredi, costi fissi delle utenze e d'ufficio, parco auto, multe, imprevisti, ecc.);

-**Gestione del personale** (contratti, malattie, gestazioni, ferie, buste paga, problemi personali, ecc.);

-**Gestione del prodotto** (acquisto, vendite, resi, stoccaggio, giacenze invendute o deteriorate, ecc.);

-**Gestione imprenditoriale**, per la quale traggo un'esperienza reale, come esempio, di un attività con reddito lordo di circa 50.000€ annue, oltre alle mere spese per il commercialista e altro genere di consulenze varie, si dovrà tener conto di:

- Irpef acconto 5.200€, perché da noi si pagano le imposte anche su ciò che non hai paradossalmente ancora guadagnato;
- Irpef saldo 13.200€ sull'acconto già versato;

- Addizionale regionale 950€
- Addizionale comunale 230€
- Addizionale com. acc. 70€ per non farsi mancare nulla;
- Camera di Commercio 53€
- Irap 1700
- Irap acconto 800€
- INPS 7200€
- INPS acconto 3800€

Per un Totale da pagare di circa 33.000€ con un Tax rate del 65% circa.

-**Rischio intrinseco** dell'attività e imprevisti vari. Niente male davvero per una nazione con uno dei regimi fiscali più asfissianti in assoluto!
Chi ha già un negozio, conosce questi dati, ma chi aveva una minima intenzione di aprirsene, consiglierei di pianificare il tutto con estremo acume. Mentre le attività urbane vedono assottigliarsi i profitti a causa dell'indiscriminata nascita di grossi agglomerati polifunzionali quali i centri commerciali/discount, all'orizzonte vengono a profilarsi dei nemici ancora più grandi: il **commercio online**. Perché? Non dovrai gestire alcuna infrastruttura e nessuna persona con notevole risparmio di tempo da convogliare nello sviluppo dell'attività e del prodotto. Il rischio imprenditoriale sarà molto più basso perché avrai investito molto di meno ma potrai contare su un pubblico h24 davvero enorme, senza limitazione geografica per la vendita e relativamente meno impegno di tempo. Potrei elencare un altro centinaio di considerazioni ma preferirei fermarmi qui per l'estremo rispetto che nutro nei riguardi di quegli eroi che ogni mattina

alzano la saracinesca per permettere una dignitosa vita ai propri cari.

Inizia con la Vendita Offline

La prima forma di guadagno, di monetizzazione reale per finanziare i tuoi sogni, potrebbe derivare dal vendere o affittare l'usato che possiedi ma che non utilizzi o che ti ruba del tempo prezioso, come: abbigliamento, attrezzature, elettronica e consolle, libri e multimedia, giocattoli, articoli sportivi, mobili ed anche mezzi di locomozione secondari. La gente è giustamente diffidente e se non ha fiducia, difficilmente acquisterà qualcosa. Io mi rivolgerei dapprima alla **cerchia di amici**, nei gruppi WhatsApp o Telegram dedicati, poi estenderei la cerchia ai conoscenti, e via via anche a sconosciuti per allenarsi alla vendita in prima persona. Un passo successivo potrebbe essere il provare la vendita nei **mercatini** perché oltre a spronare te nel dare il meglio, potrebbe rappresentare anche un ottimo esempio per i tuoi figli, una vera e propria palestra di vita, un vero e proprio banco di prova. Inizia col fare l'elenco di ciò che vuoi disfarti per capitalizzare denaro da reinvestire in qualcosa di più duraturo. Allo stesso modo, consiglia i tuoi piccoli di disfarsi delle cose inutili (giocattoli, libri usati, ecc.) per capitalizzare e poi insegnargli a gestire il denaro guadagnato da utilizzare per acquistare qualcosa di più utile. Infine, se scopri di essere un talentuoso nella vendita offline e ti risulta abbastanza naturale condividere i tuoi consigli d'acquisto con parenti, amici, colleghi e conoscenti, allora non potrai perderti la grande opportunità data dal prossimo paragrafo, ma con le dovute accortezze!

Il Network Marketing

Il network marketing (NM) o come più diffusamente conosciuto in Europa, il Multi-Level Marketing (MLM) nasce ed emette il primo vagito negli USA nel lontano 1934 per distribuire i prodotti d'integrazione alimentare Nutrilite. È un metodo di distribuzione e vendita di prodotti e servizi che ha la finalità di permettere a chiunque di diventare prima **utilizzatore** contento, e poi **distributore**. Vi è poi la possibilità di poter creare una rete (*Network*, appunto) di distributori senza consistenti investimenti in denaro, secondo la filosofia del "**Porta un amico e ti ricompenso**". Nel tempo, il NM ha subito trasformazioni radicali ed è molto migliorato, anche se il suo vero splendore lo deve all'avvento del web che continua a trasformarlo per ragioni ormai note. Le aziende più famose che utilizzano questo sistema sono: Amway, Herbalife, Avon, Stanhome, ecc. Alla base di ogni Azienda di NM ritroveremo i seguenti **fattori distintivi**:

-**Mercato**. Poiché il network si sviluppa normalmente con un numero importante di distributori, il prodotto/servizio offerto deve insistere in un mercato di grandi numeri o in forte espansione. Infatti, le predette Aziende di NM operano nei beni di largo consumo.
-**Prodotto**. Si devono distribuire prodotti che possiedono spesso caratteristiche di "unicità", che rispettino la massima sicurezza e abbiano qualità sopra la norma. Altre volte il costo di produzione del prodotto è molto basso e permette di raggiungere una potenziale clientela molto vasta. Inoltre, in alcuni casi, è offerta un'ampia garanzia di soddisfazione per aumentare la fiducia nell'acquisto del prodotto offerto.

-**Formazione**. É un'attività che permette anche a coloro che non hanno alcuna esperienza di diventare distributori, perciò la formazione riveste un ruolo decisivo al fine di poter sviluppare il proprio network e l'attività in genere. Il distributore è indipendente, la formazione dovrebbe essere ovviamente ad appannaggio dell'Azienda, ma è normalmente devoluta al proprio *Sponsor*, colui il quale ha introdotto nella distribuzione, per tale motivo i NM hanno una mortalità molto alta.

La **legislazione italiana** non definisce esplicitamente il NM, pone invece norme volte a evitare strutture piramidali, tramite la breve e chiara **Legge 173/2005**. Esistono decine di Network e in questi sistemi hanno pari importanza sia la vendita del prodotto/servizio, che l'**affiliazione o sponsorizzazione** continua e incontrollata dietro compenso, di venditori/distributori che, a loro volta e spesso, reclutano nuovi venditori/distributori senza alcuna competenza ma solo per generare guadagni dalla rete di distribuzione creata. Per meglio dire, mentre negli usuali sistemi di vendita, guadagni commissioni soltanto sulle tue transazioni, nel NM puoi guadagnare sostanziose percentuali anche sul fatturato complessivo delle tua rete. Fai attenzione perché alcuni modelli si contrappongono alla norma, sono illegali come lo Schema Ponzi, pertanto t'invito a tener a mente i seguenti preventivi requisiti ed avvertenze **prima di iniziare un Network**:

-Deve insistere in un mercato trainante con un prodotto/servizio richiesto e ad alto consumo per permettere vendite ricorrenti;

-Deve avere almeno cinque anni di attività perché statisticamente il 95% dei networks fallisce in questo primo periodo;
-Deve avere conto economico positivo, iscritta alle associazioni nazionali di controllo e magari esser quotata in Borsa e quindi, vigilata da autorità garante nazionale;
-Deve avere un consiglio d'amministrazione palese e riconosciuto per essere capace di generare sviluppo e profitti per tutti;
-Deve avere un consistente fatturato in crescita dalla costituzione;
-Per evitare saturazioni, deve avere un numero di distributori attivi meno del 1% della popolazione.
-Devi consultare personalmente la predetta **Legge** da siti Istituzionali e non fidarti mai di nessuno, neanche di amici annebbiati da facili guadagni;
-Assicurati di aver letto e intuito (anche col tuo consulente) il **contratto** e aver controllato l'azienda con strumenti idonei per il rilevamento dei siti potenzialmente pericolosi (tipo *Scamadviser*).

Se tieni ai tuoi soldi, questo potrebbe essere un ottimo inizio perché potresti esser denunciato per aver sponsorizzato un'attività illecita, rovinandoti l'esistenza! La prassi normale è che sia comunemente un tuo amico o conoscente a contattarti, dicendoti che vuole farti scoprire una buona opportunità di guadagno, e ti chiede un contatto dal vivo per la presentazione del Business. Molti sponsor cercano d'affiliare in maniera poco convenzionale, dicendoti cose che magari non si paleseranno vere. Ad esempio, ti diranno che nel network non dovrai vendere nulla! La gente odia che gli si venda, ma ama comprare da sola, soddisfare i propri bisogni e desideri. La maggior parte delle persone fallisce anche per questa incapacità di sapersi proporre e vendere! Il prodotto che dovrai promuovere dovrà essere in linea con le tue conoscenze, cioè se conosci solo amanti di auto, è inutile proporgli bitcoin. Online sono decine i Network per affiliare altri venditori. Senza una guida capace che ti afferrerà per mano e ti possa condurre dove mai avresti pensato di poter arrivare da solo, la strada che farai è molto breve! Infine, la gente è veramente stufa di continui fallimenti di pseudo-aziende di Network, che si traducono in grandiose e inutili perdite di denaro, tempo e risorse che avrebbero potuto investire meglio nella più remunerativa formazione personale!

Vendita Online

La vendita offline è indispensabile alla tua crescita per poter comprendere quanta è strana la gente e chiunque abbia rapporti col pubblico, potrebbe confermarlo! Questo ti darà maggiore impulso e la giusta motivazione nel cercare un supporto dal web. In capitoli precedenti abbiamo parlato di vendita tramite piattaforme ma qui tratteremo di competenze ben più alte che vedranno te, essere il diretto responsabile del complesso iter di gestione aziendale.

Dovresti aver già maturato il prodotto ideale da sviluppare e hai già i dati per poterlo fare al meglio ma se la risposta è ancora negativa, ti darò ulteriori dati circa la maggiore **adattabilità** alle vendite online, di determinati prodotti e servizi. Le imprese di eCommerce (eC) che hanno realizzato le migliori performance mantenendo la loro entità totalmente virtuale (senza cioè aprire negozi fisici), vendono **tipologie di prodotti**, come i seguenti, disposti in ordine decrescente di fatturato:

-Porno, al top delle richieste e vendite;
-Prodotti con caratteristiche "standard";
-Prodotti che risolvono "problemi" fisici, sociali, ecc.;
-Prodotti informatici (hardware, software, games, ecc.);
-Multimediali (libri, musica, film, Fotografia, ecc.);
-Corsi e i materiali didattici.

Io mi sono fatto le ossa, ho iniziato a vendere online con **Ebay**, piattaforma di aste online più famosa e apprezzata al mondo. Utilizzavo questo sito come negozio online e vendevo oggetti inutilizzati, anche su commissione, traendone una percentuale. Era ed è più conveniente acquistare che vendere, perché influiscono tanto le spese di spedizione, e le spese che Ebay trattiene, nonché quelle onerose di PayPal. Anche tu potrai avere il tuo negozio in pochi minuti e per iniziare sarà necessario disporre di un account venditore nel quale affiancare e verificare un conto o la stessa richiestissima PayPal, la quale permette pagamenti sicuri e assicurazione in caso di frode. Devi assolutamente avercela perché, da sola, ti contornerà di quell'alone di fiducia che l'acquirente ricerca in un venditore. Potrai liquidare anche tu ciò che non sei riuscito a disfarti tramite la vendita Offline o tutto ciò che i tuoi familiari - amici - conoscenti ti chiederanno di vendere. Dovrai imparare a fotografare il prodotto, fornire una descrizione dettagliata del tuo negozio con design accattivante, sfruttare le Keywords nella descrizione per un posizionamento adeguato e attirare così clienti vogliosi di comprare. Pensa che ho un amico che compra articoli in stock a poco prezzo e li rivende singolarmente sul proprio negozio, guadagnando circa mille Euro al mese!

Prova anche a utilizzare *Decluttr* o similari che sono piattaforme che si appoggiano a molteplici mercati per ottimizzare le vendite. Dovrai semplicemente caricare ciò che vuoi vendere, spedirlo gratuitamente alla piattaforma, loro pensano a venderlo e spedirlo, tu riceverai il pattuito tramite versamento in 24 h.

In seguito, mi avventurerei nella vendita sui social, mettendo in pratica tutti i rudimenti imparati con la trattazione della rete mediatica personale. Ci sono decine di App che possono trasformare la tua pagina Fb in un vero e proprio Marketplace anche se ti consiglierei sempre di trasferire il traffico sul tuo sito per il Branding, per l'univocità! Considera che è più facile vendere **prodotti digitali** che prodotti fisici perché hanno zero costi di produzione, di conservazione (storage) e la gente li ottiene immediatamente dopo aver terminato di pagare, rammentalo!

A questo punto, la decisione sarà tutta tua! Ti avventurerai nella costruzione di un negozio online di prodotti fisici (indiretto) o digitali (diretto)? L'espressione negozio *online* (*webshop o online Store*) si riferisce a una tipologia di commercio elettronico (***eCommerce***) che si svolge interamente sul web. L'unica differenza sarà appunto il tipo di consegna del prodotto che mentre per quello digitale sarà online e immediato, per quello fisico si sarà organizzata una logistica alle spalle. Ovviamente si possono identificare tipologie ibride ma poco interessa a chi ha le idee ben chiare su ciò che vorrebbe edificare, giusto? Altra importante **distinzione sulle tipologie di eCommerce** è riferita agli scambi commerciali, cioè chi è il venditore e chi il compratore, tramite acronimi di facile comprensione:

-B2B (business to business)
-B2C (business to consumer)
-C2C (consumer to consumer)
-C2B (consumer to business)

Tali opportune classificazioni non sono formali ma incideranno su aspetti come i diritti d'informazione, il diritto di recesso e gli obblighi di fatturazione fiscale.

Siccome i fatturati dei negozi online sono cresciuti di circa il 20% annui negli ultimi 10 anni, si prevede che questa crescita esponenziale continui senza soste, con la possibilità già paventata di poter mettere in ginocchio il commercio tradizionale. Per questo, a tutti i miei amici esercenti ripeto incessantemente che di fianco alla propria attività offline sia fatto obbligo ad aprirne una Online per diversificare l'offerta e non rischiare così di perire miseramente. Molti si soffermano sui costi e pochi hanno la vision di possibili benefici futuri. Quanto siamo limitati noi italiani! All'estero è molto diverso! Sai come convinco gli imprenditori? Introducendogli la parola d'ordine nel commercio online, che è: **automatizzare**! Oltre alle differenze tra i due tipi di business, spiego che l'automatizzare spazia dal reperimento di clienti, alle offerte per i migliori, al rispondere completamente alle loro necessità, alle consegne più efficienti, ecc. Più cose si potranno sistematizzare, più tempo a disposizione si avrà per concentrarsi sullo sviluppo e la crescita del giro d'affari per uscire dalla sopravvivenza e finalmente godere dei frutti del business.

Costruiamo un eCommerce (eC)

Neanche in questo paragrafo avrei potuto esimermi dal concederti una sventagliata delle notevoli possibilità a

disposizione circa la progettazione e creazione di un tuo eventuale negozio online. La tua scelta consapevole dipenderà dalle esigenze, dalle competenze acquisite, dal prodotto/servizio scelto e dal budget a tua disposizione. Qualunque sarà la tua scelta, dovrai tener sempre presente i **fattori chiave** che necessariamente il cliente dovrà ritrovare nell'esperienza di navigazione, catalogati in ordine d'importanza decrescente:
-Divertimento e soddisfazione personale nell'acquisto;
-Sicurezza percepita e fiducia ispirata;
-Utilità avvertita dal cliente;
-Possibilità di condivisione nei social network;
-Tecnologicamente avanzato e performante;
-Facilità d'uso, soprattutto mobile friendly;
-Esperienza gradevole nell'acquisto online.

Traspare subito che il tuo eC dovrà innanzitutto far divertire il possibile acquirente e non metterlo in ansia. Adotterai colori idonei, font adeguati, coerente disposizione dell'impaginazione, impatto rilevante, deve poter ispirare in pochi secondi, sicurezza (sito Https), fiducia e utilità, altrimenti il curioso ne uscirà velocemente per rivolgersi altrove! La buona notizia è quella che se sei alle prime esperienze, potresti testare le tue capacità aprendone uno quasi gratuitamente (basterà un tuo nome di dominio) attraverso servizi online già del tutto preconfigurati come *Jimdo.com* che prevede anche opzionali upgrade a pagamento, *Blomming* con integrazione in pagine Fb e *Wix* per la creazione di un primo sito con incluso eC. Se invece desideri partire in maniera più professionale avendo anche più competenze tecniche e magari già un sito in Wordpress (WP), allora ti consiglierei di andare a esplorare plug-in installabili come *Woocommerce, JigoShop* e *WP e-*

Commerce per trasformare il sito in un supermercato tutto tuo. Se, invece, le tue esigenze sono ancora più particolari, ti consiglierei di rivolgerti a un professionista di programmazione in linguaggio PHP per attagliare il negozio online alla tua specificità.

Considerati gli enormi e forse inattesi livelli di crescita, gli eCommerce hanno subito una vera e propria **evoluzione** che gli ha portati a trasformarsi in veri e propri "*Marketplace*": rinomate piattaforme online in grado di vendere miriadi di oggetti di qualsiasi genere, grazie a tantissimi rivenditori, offrendo un impeccabile servizio logistico. A fronte di quest'altisonante definizione, ti viene in mente qualche nome? Ti aiuto io: **Amazon**! Chi non lo conosce? È il Marketplace più famoso, performante, efficiente e di successo del mondo occidentale. Nell'altra metà orientale del globo ne esiste un altro che certamente anch'esso non ha bisogno di presentazioni: **Alibaba**! Mi capisci ora se affermo che con l'avvento dei Marketplace si sono dissolti i preconcetti sugli eCommerce che spadroneggeranno sempre più nel panorama internazionale. Non avere una presenza su questi grandi portali, significherà essere tagliati fuori dalle rotte commerciali. Non avere una branca del tuo negozio che vende online, secondo me è solo una stupida chiusura mentale che ti farà sempre più sentire come un Flintstone, un uomo della preistoria.

Amazon FBA

Per i più specializzati, i più impavidi, i negozianti smart, ci avvieremo ora verso l'opportuna presenza nel Marketplace con la più alta percentuale di soddisfazione al mondo, con un proprio marchio registrato. Abbiamo già marginalmente compreso perché farlo proprio con Amazon e per coloro che non vi acquistano o che non lo conoscono ancora posso tranquillamente dichiarare che trattasi di un'Azienda tra le più potenti sul pianeta, gestita da Jeff Bezos che ne sa una più del diavolo. Ha offerte incredibili di prodotti, coefficienti di crescita spaventosi, enorme traffico in tantissime nazioni, milioni di clienti fidelizzati con il Prime, ha il più alto tasso di conversione, possiede il miglior algoritmo di acquisizione dei comportamenti d'acquisto, ha un ottimo servizio di gestione completa dei clienti, senza parlare poi di spedizioni velocissime e resi sempre possibili entro i due anni! Nei prossimi anni coprirà l'intera Europa, moltiplicando i fatturati; e mi dici che non vuoi approfittarne? Il consiglio prioritario è sempre lo stesso: dopo aver avuto l'informazione, dovrai formarti con i numeri uno nel settore per poi passare all'azione. Il metodo l'ho già spiegato ma essenzialmente sarà: Individuare il prodotto già profittevole, imparare a farlo produrre, venderlo nel miglior modo possibile per trarne un bel profitto e magari una rendita periodica da ripetere in circolo con altro prodotto. I metodi di vendita in Amazon sono due: **FBM** (Fulfillment By Merchant) e **FBA** (Fulfillment By Amazon). In breve, in FBM, il venditore gestirà il magazzino, le spedizioni e i resi con vantaggi come il controllo diretto dell'inventario, della spedizione, è gratuito ma ti permettono fino a 40 vendite mensili. Tra gli svantaggi, non potrai contare sui migliori clienti "buy box" e "Prime", dovrai accollarti le spese di magazzino, di spedizione e resi! In FBA, sarà Amazon a provvedere a tutto perché fondamentalmente mette al centro il cliente finale, perché pagante, ma si fida poco dei merchant e per tale motivo ha potenziato la propria logistica. Difatti, i vantaggi del FBA sono enormi e incomparabili al precedente e vanno dall'accesso ai clienti fidelizzati Prime e Buy box, ai bassi costi di gestione magazzino, al Customer care incluso, come pure la gestione totale delle spedizioni e dei resi. Gli svantaggi di questo sistema sono le commissioni di circa cinquanta Euro mensili, inventario gestito dall'Azienda e il trattamento che a volte arriva ai limiti del grottesco nelle dispute con i clienti, rischiando addirittura sospensioni dell'account (Ban). Non t'impaurire perché il rischio vale sempre la candela e il sistema FBA è certamente professionale e molto lucroso!

Le **strategie di vendita** che si possono operare in FBA, per dovere di cronaca, sono diverse ma ci focalizzeremo solo su di un paio di esse. Sappi, innanzitutto, che in FBA non è possibile esercitare il Dropshipping, che tratteremo nel prossimo paragrafo, ma solo limitatamente in FBM. Invece, potrai esercitare come:

-**Grossista o Stockista**, acquistando prodotti terzi a prezzi di realizzo per poi rivenderli al dettaglio, magari su mercati diversi, competendo continuamente con decine di altri venditori sotto monitoraggio continuo di Amazon che non gradisce particolarmente venditori senza marchio e chi non riesce ad approvvigionare per tempo le scorte residue.

-**Private Label**, è concretamente la forma migliore per non irretire Amazon e farci chiudere prematuramente il negozio online. Consiste nel commissionare a un produttore a basso costo (spesso orientale) un articolo con determinate caratteristiche che sarà venduto su Amazon con un proprio marchio privato che avremo a priori opportunamente registrato (visita *Euipo*)! I vantaggi ripercorrono il nostro ciclo di studi perché potremo costruire un brand di valore e una rete mediatica nel lungo periodo, i prodotti saranno tutelati dal nostro marchio, potremo venderne continuativamente, i margini sono buonissimi (si parla del 30% circa al netto delle spese). Per quanto concerne l'investimento iniziale, esso dipenderà dal tipo di prodotto da acquistare: se preferiremo modificarne uno già fabbricato, dovremo impegnare meno risorse finanziarie perché potremo acquisire un basso numero di pezzi, esercitando il **MOQ - Minimum Order Quantity**, acronimo che indica la quantità minima ordinabile. Il discorso sarà diverso qualora desiderassimo un prodotto unico, innovativo, personalizzazione, brandizzato. Ne abbiamo già parlato e l'opzione, te lo rammento, si chiama OEM - Original Equipment Manufacturer, e i produttori che possono fabbricare un prodotto da zero secondo le tue richieste, si garantirebbero stock molto più grandi. In definitiva, **l'investimento minimo** per iniziare un business in private label, con tanto di corso di formazione incluso, non è mai inferiore ai 5.000€, ricordandoti che potrai usufruire di queste competenze acquisite anche per divenire un account manager presso terzi. Infine, vorrei appena ricordare che gli italiani si stanno avvicinando anche al colosso cinese Alibaba che permette a chiunque di diventare un venditore B2C per vendere in tutto il mondo con Aliexpress tramite bassissime competenze e setup di qualche minuto appena.

Vendere col Dropshipping

I top sellers, coloro che hanno carpito la vera essenza dell'importanza della vendita e ne sono la massima espressione, si dividono tra il Private label e Dropshipping. Quest'ultimo è un sistema di vendita nato guarda caso in America già da più di un decennio. L'Italia è indietro rispetto agli altri Stati perché sono poche le aziende che offrono servizi di questo genere ma io la vedo come una vera opportunità e non come un gap. Per Dropshipping s'intende un innovativo modello di vendita grazie al quale il venditore online vende un prodotto a un utente finale, senza possederlo materialmente nel proprio magazzino! In maniera geniale, niente più spese iniziali per l'inventario, niente più logistica e spedizioni, con il Dropshipping, i prodotti vengono inviati ai tuoi compratori direttamente dal fornitore. Com'è possibile? Facile, questo sistema ti permette di fare il **rivenditore** di prodotti non tuoi:

-T'iscrivi alle Aziende che lo prevedono (dropshipper), per sponsorizzare e vendere i loro prodotti sul tuo negozio online;

-Il cliente incuriosito, ordina;

-Il tuo negozio trasmette automaticamente l'ordine al dropshipper che prepara l'ordine e lo spedisce in forma anonima o brandizzata direttamente al tuo cliente che penserà di averlo acquistato da te;

-Ricevi la commissione spettante o trattieni la maggiorazione sul costo che riuscirai ad applicare al prodotto.

Come tutte le attività commerciali anche il Dropshipping ha i suoi vantaggi e i suoi rischi che i venditori dovrebbero conoscere prima di avventurarsi in una possibile attività.

I vantaggi del Dropshipping sono: è un ottimo sistema per fare testing, l'investimento iniziale sarà davvero minimo, non dovrai comprare grandi stock, pagherai solo quando venderai, trattenendo la commissione.

Gli svantaggi sono: accesso troppo facile con competizione altissima su stessi prodotti e "guerra dei prezzi" che determina basse percentuali di guadagno, difficoltà di Branding reputation, alti tempi di spedizione, rischio di esaurimento prodotti per assenza contabilità di magazzino del dropshipper (accertarsi che l'abbia). Dovrai evitare di esser segnalato è badare che il dropshipper non sia extracomunitario e inefficiente perché vi è il rischio fondato che il cliente debba affrontare degli oneri doganali se il prodotto è extra europeo, senza parlare poi della difficoltà di dialogo con l'eventuale customer care, gli impossibili resi e le fruizioni delle garanzie. Un ottimo consiglio è quello di potersi scambiare informazione competente e formazione specifica in gruppi dedicati e affiatati nei quali ci si aiuta vicendevolmente anche e soprattutto in occasione dei lanci degli iscritti, per elevarne il traffico anche artificiosamente. Negli ultimi anni c'è stato un netto incremento di negozi online che propongono questo tipo di sistema di vendita ma è ancora difficile trovare Dropshipper certificati. Dovessi effettuare una ricerca su Internet, t'imbattersi certamente in centinaia di truffatori. Un metodo per individuare facilmente i fornitori all'ingrosso onesti e legittimi è quello di contattare il produttore della nicchia prescelta e richiedergli un elenco dei suoi distributori all'ingrosso in Dropshipping, ed eviterai ogni sorta di problematica! Se volessi avventurarti, anche solo per curiosità, in questo ambito, ti consiglierei subito di prendere in considerazione il Top: **Shopify!** È un successo planetario, è la migliore piattaforma sul mercato per creare siti eCommerce per molteplici finalità di vendita: prodotti della tua Azienda, prodotti terzi in Dropshipping e affiliate marketing. Shopify ti permette di creare in pochi minuti, un completo negozio online, con caratteristiche wow: è una piattaforma intuitiva e facile da usare, è User – Seo - Marketing Friendly, concede una prova gratuita per due settimane, è poco costosa (29$ al mese per il completo Basic), è sicura, molto stabile, notevolmente performante, personalizzabile e come se non bastasse, ha un'assistenza al cliente davvero eccellente. Include i costi di Hosting e certificazione SSL, mentre il costo del dominio sarà a carico tuo. Dal principiante all'esperto, la scelta migliore è senza dubbio Shopify, per avere un negozio online di successo e un business scalabile e performante. Sempre più persone stanno abbandonando le obsolete soluzioni open source e scelgono questa piattaforma per sviluppare velocemente il proprio business. Grazie all'elementarità di questa piattaforma eCommerce e la possibilità di fare Dropshipping senza necessariamente conoscere la programmazione, moltissime persone hanno aperto uno Store ma solo una piccola percentuale di esse, le più competenti, riesce a garantirsi una rendita costante nel tempo direttamente nel tuo conto *PayPal* o carte di credito come *Stripe*. Non trascurare l'importante periodo di prova nel quale potrai testare tutte le sue funzionalità e vendere già da subito, in testing. In seguito, non farti spaventare dal costo mensile perché nessuno ti regala mai nulla, anzi il prezzo è molto basso per tutto ciò che concede. Non puoi paragonare Shopify ai siti o plug-in visti all'inizio del capitolo, esso è professionalità ed è così che devi imparare a essere percepito dal tuo pubblico!

La sequenza per iniziare, sarà semplice. Dopo l'analisi di mercato sceglierai il nome del Brand e possibilmente un logo riconoscibile. Sperando sia libero, acquisterai il dominio su *GoDaddy*, *Aruba* o altri servizi simili. Collegherai il tuo dominio alla piattaforma, acquisterai un tema Premium dallo Store Shopify (mai i non Ufficiali) per conferire un aspetto decisamente più professionale e marketing oriented cioè concepito e creato per convertire i visitatori in clienti. Caricherai le foto e le specifiche dei tuoi prodotti e collegherai lo Store ad Amazon ed Ebay, oppure sfruttare il Dropshipping collegando la piattaforma con il plug-in *Oberlo* tramite il quale potrai trovare prodotti (spesso

Aliexpress) per il tuo eCommerce Shopify e spedirli direttamente ai tuoi clienti, senza magazzino. In ambo i casi il turbo all'attività, il traffico, sarà generato dalla promozione tramite campagne a pagamento con Facebook Ads. Questo genere di attività è letteralmente esplosa grazie ad arrembanti Influencer che mostrano, pubblicizzano e vendono prodotti cinesi al pubblico Italiano. Infine, con plug-in come *Recart* o *Active Campaign* potrai anche integrare il re-marketing per incrementare ulteriormente le vendite e renderle ancora più remunerative e potrai anche servirti dell'efficiente App di Shopify per controllare frequentemente la dashborad in mobilità.

*"Le possibilità per vendere sono tante
ma dovrai farti notare da subito"!*

09-I TUOI PRIMI 100€

Sarò diretto, come sempre, non concluderai mai un bel nulla senza pianificare una strategia a prescindere da qualsiasi cosa tu voglia realizzare. Punto! Ognuno di noi ha esigenze differenti e quasi tutti, bene o male, hanno bisogno di denaro per svariate motivazioni, dalle più futili alle più urgenti, tipo:
-Arrotondare un'entrata lineare (stipendio) per mille motivi differenti;
-Problemi di reddito per cui magari, non si riesce a pagare il mutuo casa o la rata dell'auto, ecc.;
-Guadagnare denaro da accantonare per poi investire in crescita come corsi specifici ad alto costo, master, ecc.;
-Intelligente bisogno di capitali interni per iniziare il proprio business scalabile, acquisite le opportune competenze, ecc.

Guadagnare cento Euro, come vedrai qui semplicemente, non è difficile perché la vera complicazione è la variabile **tempo**! Intascare cento Euro al mese sono molto differenti da cento Euro al giorno; tutto è possibile perché subentrerà prepotentemente la tua motivazione! I consigli più diretti che posso condividere con te, attraversano questi semplici passi:
1-Impara una competenza (Skill) tra le decine di abilità considerate nei capitoli precedenti e migliorala con l'ossessione di chi vuole arrivare;
2-Fornisci un servizio o tramite una piattaforma apposita, una tua pagina business o, ancora meglio, un tuo proprio portale/sito che fanno Branding;
3-Fatti pagare fornendo servizi di tipologie e prezzi differenti, sfruttando il cross-selling;
4-Prevedi di già, come poter scalare il tuo Business in Up-selling!

Tutto qui! Sembra difficile guadagnare cento Euro il giorno? Non lo è affatto e te lo dimostro con qualche esempio pratico. Se inizierai con i sondaggi e ognuno pagherà un Euro, sarà difficile compierne cento per guadagnare un centone al giorno, non credi? Se inizierai a lavorare su Fiverr o UpWork come designer di loghi e per ognuno riceverai minimo cinque Euro più mancia eventuale, ne dovrai effettuare una ventina al giorno per un centone. Se sponsorizzerai prodotti altrui con l'Affiliate marketing e ne guadagnerai dieci Euro ognuno, ce ne vorranno almeno dieci. Se ti proporrai per editare video per Ads o Youtube pagati quindici Euro ognuno, avrai bisogno di venderne almeno sette. Se intraprenderai il lavoro di Virtual Assistant, pagato circa 20 Euro all'ora, allora all'inizio ti basterà lavorare per cinque ore al giorno. Se creerai un minicorso online e lo venderai a venticinque Euro su Udemy, ti basterà venderne quattro per introitare un centone al giorno. E se il corso costasse cento Euro? E se il corso costasse duecento Euro? E se il corso costasse mille Euro? Hai compreso cosa ho voluto farti intendere? I tuoi guadagni saranno sempre commisurati al tuo impegno e ai tuoi sforzi e alla tua unicità. Realizza un qualcosa di difficilmente replicabile o diventa qualcuno che ne sa più di tanti altri in una piccola nicchia di mercato e allora il tuo futuro sarà radioso.

Ti vorrei aiutare ulteriormente anche nel coronare i tuoi obiettivi con un originale sistema mentale e di pianificazione originale che io chiamo "**metodo a ritroso**". Perché questo strano nome? Perché io mi fisso l'obiettivo a cui dovrò tendere in un determinato arco di tempo e a ritroso appunto, calcolo gli obiettivi intermedi nel tempo residuo che ho a disposizione! Te lo spiego con un esempio chiarificatore.

Sul mio planning, scrivo un obiettivo di guadagno, esempio cinquanta mila Euro annui, OK? A ritroso, divido per il numero dei mesi per evidenziare l'obiettivo mensile, divido per 12 ed è pari a 4.166€, diviso il numero dei giorni per identificare l'obiettivo quotidiano, il tutto sarà pari a ben 138€.

Passo a calcolare gli obiettivi di cassa. Orbene, quale sarà la variabile da rimodulare per avvicinarmi sempre più a tale entità giornaliera? Il costo il mio prodotto, ovviamente:

- Se costerà 6,90€ dovrò venderne almeno 20, al giorno!
- Se costerà 13,80€ dovrò venderne almeno 10 al giorno!
- Se costerà 27,60€ dovrò venderne almeno 5 al giorno!
- Se costerà 138€ dovrò venderne almeno 1 al giorno!

E se costasse 1.380€? Ecco come avere un valido sistema per imparare a rimodulare gli Ads a pagamento in base agli obiettivi che ti sarai fissato "a ritroso".

Ovviamente, dovrai poter disporre di diversi tipi di prodotti per poterti rivolgere a tutti i tipi di clienti che vanno dal basso all'alto costo (High Ticket). Ti faccio un esempio! Inizi con un libro, poi passi ad un bundle (serie di libri venduti insieme) poi confezioni un mini-corso su piattaforma, poi passi a consulenze orarie e conferenze e infine, confezioni un bel corso completo da 20 ore di video per 997€ o 1997€, direttamente offerto sul tuo portale.

Però, vi è sempre un però, ti vorrei far notare qual è il metodo potentissimo che utilizza Amazon per ingigantire i propri fatturati: si chiama "fidelizzazione" del cliente. Significa mettere il cliente sempre al centro, esso ha sempre ragione e ripaga la tua fiducia in esso, con una qualità importantissima: la fedeltà! Non ti cambierà facilmente se già gli concedi tutto ciò di cui ha bisogno, non credi? Vuoi degli esempi? Paghi mensilmente/ annualmente il servizio "Prime" e hai la prime TV inclusa, come pure il servizio foto storage illimitato e chissà quali altri servizi. Chi lo mollerebbe più! Vuoi ascoltare libri? In Italia, paghi meno di 10€ al mese e ascolti quanti libri vuoi, mentre all'estero compri il singolo prodotto. E chi lo cambia più per la mia formazione continua? Vuoi fare Amazon FBA? Paghi mensilmente. Vuoi ascoltare musica? Paghi mensilmente? Sta diventando un vero e proprio modello di business perché funziona benissimo! La gente paga poco e ripetutamente, non ci fa caso, usa anche marginalmente il tuo prodotto/servizio ad ogni anno ingrassi sempre più come imprenditore! Sagace vero? Non ci avevi fatto caso, dimmi la verità?

Orbene, perché non organizzarlo anche noi nel nostro sito con una sezione privata con "login" dedicato? Uno spazio dove la gente paga mensilmente in automatico con PayPal per avere contenuti e valore dedicati ad essi, dopo aver dato prova di ciò che sappiamo fare, già al di fuori? Detto fatto, ma vediamone uno sviluppo a ritroso, mantenendo lo stesso piccolo obiettivo dei 50k/annui, per capire quanto dovrebbe costare l'accesso e di quanto seguito avrò bisogno:

-A 20€/mese, mi basteranno 208 iscritti!
-A 30€/mese, mi basteranno soli 138 iscritti!
-A 40€/mese, mi basteranno appena 104 iscritti! Ecc.

Il mio consiglio è quello di ingrandire i tuoi sogni e non puntare ai 50k se puoi mirare, ad esempio, al milione! Infatti, se la tua community sarà florida e multi target, arrivare a questo obiettivo necessiterà di:

-5000 followers che pagano 17€ al mese;
-1000 followers che pagano 84€ al mese;
-250 followers che pagano 334€ al mese.

Questo significa scalare il proprio business! Sono calcoli che dovresti imparare a masticare correntemente sulla tua strada verso il successo! Infine, ti anticipo che arriverà un momento in cui sarai dinanzi ad un tremenda scelta, ad un grande bivio, sul quale ti chiederai: devo preferire un target di persone che ha più capacità economiche e necessitare di meno followers che pagano di più, o al contrario? La risposta l'ho già data nella trattazione del "funnel marketing" ma sono sicuro che non sarà difficile per te comprenderla da solo!

*"Solo chi pianifica e calcola tutto
ha davvero in mano le redini del proprio business"!*

10-RENDITE PASSIVE DA POSSESSO

Diciamo che con i sistemi già introdotti, basati sullo scambio di tempo per denaro, e sulla monetizzazione delle competenze o abilità acquisite, già potresti pensare di imboccare una tua strada maestra. Ho asserito, però, che il nostro dovrebbe essere un processo evolutivo continuo e come promesso, di seguito ho raccolto un semplice step by step per poterti elevare ad un livello decisamente superiore per poterti riappropriare di diritto, di parte o di tutto il tuo tempo!

Dovresti aver già somatizzato che cambiando le tue convinzioni, cambierai la tua mente e la tua visione sul mondo. Basta pensare a scambiare il tuo prezioso tempo col denaro, ma devi ambire a salire di livello e pensare di barattare del tuo **valore** o le tue cose di valore con il denaro

Introdurrò ora quelle che potranno essere le vere soluzioni ai tuoi problemi, cioè le "Passive income", le rendite da lavoro passivo, ottenute si in tua assenza ma, diversamente dai business precedenti, i prossimi necessiteranno del "possesso di beni", forse acquistati o accantonati grazie alla messa sul mercato delle tue sconvolgenti abilità e competenze, magari proprio tratte grazie a quest'opera.

Il tuo chiodo fisso, ciò che non ti dovrà far dormire, sarà il dover creare un metodo vincente e facilmente replicabile che possa funzionare bene sia per te e che potrai, se vorrai, anche vendere online, a terzi, dietro compenso.

La finanza fa lavorare il tuo denaro!

Ho dovuto inserire tra le ultime la trattazione di questi sistemi, non perché siano i meno importanti, ma perché sono argomenti che richiedono una certa educazione finanziaria che non puoi certamente improvvisare e, inoltre, generalmente bisognerebbe disporre di capitali più ingenti, rispetto ai sistemi finora trattati.
Secondo te è possibile vivere di rendita finanziaria? Certamente sì, io non sono un promotore finanziario ma dovrai servirti del tuo, sperando sia competente, con il quale poter dibattere i dati che seguono per creare, insieme, un piano strategico d'investimento! Molti italiani, sono alla costante ricerca di scorciatoie, si "travestono" da pseudo traders senza competenze e nella maggioranza dei casi questo si traduce in una clamorosa disfatta, con l'azzeramento del conto! Per tale motivo, vorrei che in futuro tenessi a mente alcune mie intramontabili citazioni che ritengo essere dei veri e propri dogmi per traders in erba: *L'investimento con il più alto tasso d'interesse è l'informazione efficace*; *Se ti vuoi arricchire devi investire quando gli altri hanno le mani tra i capelli*! Detto questo, enuncerei brevemente le mie **sei leggi della finanza** che condensano in poche righe, ciò che è contenuto in diversi tomi di famosi traders mondiali:

1-Non perdere mai!
2-Rileggi la nr.1! Proteggi sempre il tuo capitale!
3-Pianifica per iscritto, ponendoti degli obiettivi d'investimento raggiungibili.
4-Diversifica per strumento, settore, localizzazione, assecondando il tuo profilo di rischio e la tua età!
5-Il capitale investito in uno strumento deve essere inversamente proporzionale alla sua rischiosità!

6-Per riuscire in finanza, ci vuole il 20% di tecnica e 80% di psicologia. Attento all'emotività!

Per poter ricavare delle rendite stabili e durature, devi fare in modo che la tue finanze personali, non poggino mai solo su una sola gamba rischiando di poter rovinare a terra, bensì richiamando l'importante legge nr.4, dovrai attuare un'opportuna **diversificazione nei sei settori fondamentali**:
1. La liquidità, che non concede interessi, ok, ma tanta sicurezza psicologica per fronteggiare eventuali emergenze o crisi del mercato che richiedono acquisti improvvisi;
2. L'obbligazionario, cioè i Bond, ossia strumenti a reddito fisso e non, che garantiscono interessi e cedole certi per perfezionare le capacità di interesse composto;
3. L'azionario, esercitato in maniera intelligente e non sprovveduta per ottenere ottimi dividendi periodici e rendite da capital gain;
4. L'immobiliare, sia fisico che preferibilmente in Crowdfunding per rendite passive nette anche del 10% all'anno;
5. Le materie prime, dette "Commodities", per una efficace diversificazione delle risorse tramite strumenti all'avanguardia come gli ETC;
6. La speculazione ad alto rischio/rendimento in ambiti come il forex, le opzioni o le mie amate criptovalute, nel mio portafogli dal lontano 2016.

Una cosa sono i settori e una cosa saranno gli strumenti differenti che operano su di essi. Per poterti aiutare alla costituzione di un piano attagliato alle tue caratteristiche, ipotizzerò tre profili ricorrenti, diversificati per età, per farti comprendere come modulare i diversi strumenti in base all'avanzare del tempo:

-**Per un 20-30enne**, si potrebbe essere un pò più aggressivi perché si può contare su di un orizzonte temporale più lungo e una ripartizione adeguata del portafogli, potrebbe essere: 10% liquidità, 50% in azioni, 20% in obbligazioni, 15% nell'immobiliare e Commodities, max 5% in speculazioni (Criptovalute, forex, betting, ecc.).

-**Per un 40-50enne**, dove un buon consulente fa crescere le componenti meno rischiose dell'investimento come le monetarie e obbligazionarie, per garantirsi una buona rendita annuale, penserei a una ripartizione del portafogli, tipo: 15% liquidità, 40% in azioni, 30% in obbligazioni, 15% nell'immobiliare e Commodities, max 5% in speculazioni.

-**Per un over 50**, penserei più a un'allocazione prudente, con obbligazioni che pesano maggiormente, come l'esempio: 15% liquidità, 25% in azioni, 40% in obbligazioni, 15% nell'immobiliare e Commodities, max 5% in speculazioni.

Al termine di ogni anno dovresti rimodulare la diversificazione per "**ribilanciare**" ed ottimizzare il tuo portafogli. Se entrerai nella mia community privata su Telegram, ti aiuterò in questo passo secondo le mie vision anche se ovviamente sarai libero di fare come vorrai. Per agevolarti ulteriormente in tutti questi passaggi, ho deciso di **regalarti il mio personale form di "Asset allocation"** che ti permetterà di abbozzare una perfetta diversificazione che dovrai poi finalizzare con l'acquisto degli strumenti prescelti, di concerto con il tuo personal banker che dovrà assecondare le TUE scelte e non viceversa!

Mi ripeto perché è importante! Non fare da solo ma fatti aiutare da promotori competenti. Vorrei aiutarti io ma non conosco la tua situazione personale come il tuo personal banker e poi è il suo lavoro anche se tenderà a fare gli interessi della sua banca, un motivo in più per leggere anche il mio Bestseller sul risparmio!

Ormai mi basta poco per capire se colui che ho di fronte è una persona intelligente o, come lo chiamo io, un "comune borghese", saccente e presuntuoso. Negli USA ripetono in continuazione: *se ti ritieni intelligente ma non sei ricco, probabilmente ti sei sovrastimato*! Non vorrei offendere nessuno ma al massimo spronare, dicendo che i comuni borghesi sono orientati all'apparenza mentre gli "intelligenti" più alla sostanza anche grazie ai pregressi cicli di studi "gain oriented"! Ti basti pensare che, per quanto attiene alle Uscite, ci sono diverse tipologie di spesa: le obbligate, le accessorie e le remunerative. Per farti comprendere istantaneamente, il soggetto borghese destina in media circa il 40% delle spese verso le obbligate, il 50% verso le accessorie e solo un 10% verso le remunerative che sono quelle uscite a scopo d'investimento! L'intelligente finanziariamente soppesa molto diversamente e destina il 25% alle obbligate, il 10% alle accessorie e ben il 65% nelle remunerative! Bella differenza, non credi?
Come puoi fare a sapere se hai un buon rapporto col denaro, se puoi ritenerti intelligente finanziariamente o no? Presto detto, devi aver appreso e attuato almeno la metà di queste seguenti importanti Skill:
-Risparmi e accantoni denaro mensilmente, offline e online, da poter poi investire;

-Hai eliminato le dilazioni di pagamento per non pagare i tassi d'interesse e l'uso delle carte di credito che ti allontanano dal controllo sul denaro;
-Conosci la somma delle tue uscite, delle entrate e la differenza (cash flow) perché fai un bilancio mensile;
-Sai come effettuare un Check up patrimoniale ogni anno;
-Pianifichi con anticipo le spese utili più grandi;
-Non hai una sola fonte di reddito lineare ma ne hai costruite diverse, attive e passive;
-Investi la maggior parte del tuo flusso di cassa negli strumenti finanziari che già possiedi e in nuove opportunità. Ora hai fugato i dubbi e sai anche cosa fare per rimediare!

Dove investire nei prossimi anni? In generale, i Business che saranno sempre in auge, sono legati alla catena dei bisogni umani di **Maslow**. Se l'uomo ha un bisogno percepito a livello popolare, difficilmente potrà provare il fallimento. Esempi concreti sono i business legati a cibo, acqua (Food & Beverage) e sul posto al riparo dove poter vivere (immobiliare). Secondo Forbes, nei prossimi anni si dovrebbe investire in immancabili Immobili, matalli rari, Criptovalute. Secondo me, che sono abituato a entrare in mercati prima che arrivi l'onda dei rialzi (esempi Web nel 1999, Forex nel 2012 e Bitcoin dal 2016) e sono meno condizionato e condizionabile di Forbes, i settori nei quali investirò nel prossimo futuro saranno: l'intelligenza artificiale, la robotica e cibernetica, ecologia-ambiente e propulsione ecologica/alternativa (elettrica-idrogeno), in Bitcoin-Blockchain e Fintech, la domotica vocale, l'acqua, abitazioni ecosostenibili, il Game sharing e il virtual 3D, l'e-learning, la Cannabis light e i metalli rari. Anticipare i trend è un ottimo sistema per poter surfare l'onda madre, prima che arrivino tutti gli altri, con grande profitto!

Noleggia / Affitta

Ecco un altro modo per guadagnare denaro online. A differenza del paragrafo precedente, il nolo o l'affitto sottendono il possesso di un bene che temporaneamente potresti mettere a disposizione di terzi, dietro compenso. Ormai è possibile noleggiare qualsiasi cosa su internet anche in mobilità, tramite la comodità di un App dal proprio telefono. Ovviamente, è possibile sia il nolo tra privati e tra un'Azienda e un privato! Prima di tutto, occorre fare un'opportuna puntualizzazione, perché qui parleremo di entrambi. Il **noleggio** interessa brevi periodi e si usa per i mezzi di trasporto (macchina, moto, bici, pattini, barca etc.) e per oggetti come sdraio, ombrelloni, sci, trapani, etc. **L'affitto**, in genere temporalmente più lungo, si usa per case, locali, spazi, auto, pubblicità, etc. Una volta compreso cosa possiedi, se ti serva in prima persona e che tu lo voglia concedere in uso a terzi, sarà poi necessario scegliere il servizio più attagliato con cui s'intenderai procedere. Occorre distinguere nettamente le due possibilità e inizieremo col **noleggio**. Esso nasce da due concetti focali contrapposti che s'incrociano: se devo usarlo poco, perché acquistarlo e viceversa, non lo uso, perché non noleggiarlo a pagamento? In Italia siamo indietro anni luce rispetto ai paesi di lingua inglese e perlopiù potrai cercare e trovare portali e App che trattano ancora pochi oggetti come quelli adoperati per una festa, un matrimonio, componenti d'arredo, mobili, bagni chimici, ecc. Consiglio di visitare siti come *Dimanoinmano, Italnolo, Noleggioaffitto, Locloc*. All'estero è tutto diverso perché troviamo sia social network dedicati come *Snapgoods* e anche portali enormi come *Stuffpal*. Per usufruirne, la strada è sempre la stessa: individua cosa potresti noleggiare tra i tuoi oggetti, scegli il servizio migliore alle tue esigenze, iscriviti, ricerca qualcosa di simile per prendere spunto, inserisci delle belle foto con il relativo prezzo e il gioco è fatto! Il portale stipula un contratto tra le parti che ti copre legalmente e spesso offre anche un'assicurazione, tutto alla modica cifra del 10-15% di commissione sul nolo e devi solo attendere una controparte interessata ai tuoi oggetti. Che aspetti allora, prova a far fruttare i tuoi beni, senza venderli!

E se noleggiassimo l'auto?

Internet ha rivoluzionato essenzialmente la velocità di contatto tra domanda e offerta in maniera così esponenziale che se cerchi qualcosa di specifico, potresti trovarla in pochi secondi. Cerchi un passaggio? Usa il **car-sharing**, usa *Blablacar* e trovi qualsiasi tipo di tratta al posto di sobbarcarsi le responsabilità derivate dal noleggiare un'auto in maniera tradizionale. Se sei il proprietario della vettura e magari pendoli verso un posto di lavoro? Beh, forse terminerai di addossarti completamente le spese di viaggio, condividendole con altri viaggiatori che richiederanno di farti compagnia per la tratta, dietro pagamento di una parte delle spese! L'ho provato in prima persona e ti dico che è eccezionale perché potresti rischiare anche di allargare la tua cerchia di amicizie e, perché no, trovare anche l'amore della tua vita. Il fenomeno mondiale del car sharing è molto più grande di quello che si pensi. Grazie a portali e App come *Car2go* e *DriveNow*, ci saranno sempre più città in tutto il mondo, dove sarà presente anche il servizio di ritiro auto senza conducente, senza far rifornimento, a scelta tra benzina-diesel o elettrico, di ottime marche come Smart, Mercedes, BMW, MINI, ecc. L'evoluzione sarà certamente elettrica e interesserà maggiormente i ciclomotori rispetto alle auto! Altra attività che cercherà di estinguere i tassisti, sarà quella di essere pagati per trasportare dei richiedenti online da un punto di chiamata a una destinazione richiesta a priori con tanto di prezzo già definito: in una sola parola, la Startup di successo, *Uber*. In Italia, il paese delle licenze e dei balzelli, non è possibile esercitarla perché devi essere un tassista o un NCC, cioè devi possedere un certificato di abilitazione professionale, un'iscrizione al ruolo, oltre che a una patente in corso di validità. Molti la vedono come una limitazione ma tanti altri la vedono come una sicurezza in più per il trasportato. Chissà in futuro!

Se non hai bisogno della tua auto per il prossimo paio di giorni o settimane, sai che potresti anche pensare di affittare la tua auto ad altro privato? Ci sono servizi online totalmente sicuri come *Getmycar, Auting* che permettono di fare ciò, incamerando del denaro, magari per pagare le alte spese di gestione della tua vettura inusata. Ad esempio, un'auto di 40.000€ permette guadagni di 100€ il giorno (per matrimoni, anniversari e feste varie) e se l'affittassi a weekend alterni, per due giorni, potrebbe permetterti guadagni di oltre 5.000€ l'anno! Non male davvero. E se affittassi a cento per richiederne 300, concedendo anche te stesso come autista? È un'altra idea da poter valutare! Infine, altra opportunità sempre più presente anche nel nostro paese, è il "**Car Advertising**". In pratica, ci sono Aziende che offrono la possibilità di possedere una macchina totalmente sponsorizzata sulle portiere, a costo zero.

Affittiamo le proprietà (Locazione)

Ma l'affitto rende ancora? La risposta è: dipende! Le crisi economiche sono il momento ideale per acquistare un immobile da "mettere a Reddito", purché sia da acquistare in **regime di prima casa**. Diverso è il discorso se la casa la ricevi in donazione da uno dei tuoi parenti o affini o addirittura se pensassi di gestire gli affitti di una casa che non ti appartiene. La casa è il re dei beni rifugio per gli italiani e questo è un ottimo periodo per indebitarsi. I mutui sono ai minimi storici, vi è un'enorme offerta di case sul mercato e fare dei buoni affari è veramente facile per chi ha "polvere da sparo". Personalmente, ho approfittato investendo in un appartamento di grossa metratura in un'apprezzata zona universitaria. Ho badato a ristrutturarlo ricavandone ben quattro camere, ad arredarlo completamente (usufruendo delle detrazioni al 50%), a pubblicizzarlo per affittarlo. Missione compiuta egregiamente in pochi mesi, ne ricavo ottimi affitti mensili in regime fiscale agevolato con la "cedolare secca". Quando si decide di locare un'abitazione, il contratto che si sceglierà con il conduttore (l'affittuario), condizionerà le scelte future, quindi, sapere a priori le differenze che comportano le tipologie di contratti, eliminerà le possibilità d'errore e la massimizzazione degli introiti. La mia esperienza mi obbliga a consigliarti di non fidarti mai di nessuno, di non accettare mai che il conduttore entri in casa senza aver versato la caparra di almeno una mensilità anticipata e aver firmato il contratto. Inoltre, esorterei chiunque a stipulare un'assicurazione a copertura di ogni rischio perché la tranquillità non ha prezzo, specie se costa meno di cento Euro l'anno. Infine, le locazioni si distinguono in base alla tempistica del contratto in: a medio-lungo o breve termine. Iniziamo dalla trattazione del medio-lungo temine che differisce dal breve (short term) essenzialmente perché porta con sé un grande obbligo: la **stipulazione del contratto**, dovuta a norma di legge per periodi oltre i 30gg.

Compra per affittare (Buy to Rent)

Possiedi un immobile qualsiasi, derivato da un tuo investimento, da un lascito, una donazione, ecc. e vorresti "metterlo a reddito"? Affittandolo per contribuire a coprire le spese del mutuo, delle utenze e le spese di gestione fisse, per poi magari godere di una rendita mensile, certamente potrebbe risultare una buona idea! Se decidessi di acquistare, approfittando dei mutui minimal di questo decennio, potresti pensare di investire una piccola parte del capitale (es. 30%) e in una manciata di anni potresti ripagarti sia il mutuo sia le spese di gestione, grazie alle entrate da locazione a studenti - lavoratori - famiglie, ecc. Consiglio vivamente, qualora possibile, locare annualmente a seri studenti universitari perché sono focalizzati sullo studio e disturbano poco e i loro genitori pagano regolarmente perché tengono ai propri figli e detraggono le spese. In generale, le tipologie di contratto possono essere:

-Locazione a canone libero
-Locazione a canone concordato
-Locazione a uso transitorio.
-Locazione per studenti universitari.
-Locazione per finalità turistiche.

Affittare per subaffittare (Rent to Rent)

Questo è un esempio lucroso d'affitto a lunghissimo termine che potrebbe trasformarsi in attività imprenditoriale! Si

guadagna dalla differenza tra affitto che tu paghi al proprietario dell'immobile e il canone a cui tu subaffitti a più persone, specie studenti universitari. Si può guadagnare conducendo un immobile, senza doverlo neanche acquistare? Si, hai capito bene! É un modo intelligente per accontentare tutti: tu che prendi in affitto perché non vuoi o non puoi acquistare, i proprietari di immobili sfitti che finalmente guadagneranno in maniera continuative e gli studenti che fruiranno di alloggi ristrutturati! Come funziona? In sintesi:
- Incarico un'agenzia o trovo un'abitazione (anche villa, palazzina, ecc.) di grossa metratura e con molte stanze che il proprietario non riesce ad affittare per sua incapacità o per cattive condizioni interne;
- Obbligo il proprietario a mediare sul mio affitto e chiedo la possibilità di subaffitto onesto e lucroso per entrambi (dopo analisi dei prezzi in zona);
- Se è intelligente, non potrà dire di no, firmerà il contratto di almeno 4+4 anni e gli verserò un deposito cauzionale;
- Effettuerò dei lavori di ristrutturazione dopo progetto essenziale, allestirò dignitosamente le camere-la cucina-i bagni e gli impianti per stare sicuro e tranquillo;
- Per un investimento totale di qualche decina di migliaia di Euro (circa 20.000), avrò creato un'entrata automatica (Es. Paghi 800€ al mese e introiti 600€x4), non sarò proprietario e quindi niente salatissima tassa sugli immobili, avrò un'attività gestionale minima, una rendita triplicata rispetto alla rendita classica, senza risentire minimamente della stagionalità;
- I punti negativi saranno il cospicuo investimento iniziale anche se ammortizzabile, problemi tra o da affittuari (attenzione alla prostituzione), fermo immobile in caso di abbandono anticipato durante l'anno accademico!

La prima visita dell'immobile sarà determinante: spendi qualcosa in più per vivere di rendita! Per i lavori dovrai imparare a trattare con impresa di fiducia e per l'allestimento te la potrai cavare con il tecnico dell'Ikea, oppure se avrai disponibilità, potrai affidarti a uno specialista in "flat sharing". Solo dando un'anima di estrema vivibilità all'abitazione, faranno a gara per essere tuoi subaffittuari. Quando ti contatteranno per le disponibilità, salva il loro numero per richiamarli quando avrai una stanza libera. Pianificare un'ottima strategia di vendita è sempre una buona idea: creare una rete mediatica, saper strutturare un annuncio, come dare visibilità all'annuncio, in quali piattaforme social farlo, sono cose introdotte in questa guida. Orbene, tutto il processo è facilmente gestibile da una sola persona ed io ne sono la prova vivente. Tutto dipenderà da ciò che vorrai realizzare, dalle tue aspettative e dalle tue capacità sul campo!

Guadagna con Affitti brevi (short term)

S'intendono quegli affitti (locazioni) da un minimo di tre notti a un massimo di un anno. Sul suolo nazionale stiamo assistendo a un vero e proprio boom di richieste, grazie a portali come *Airbnb*, *Tripadvisor*, *HomeAway*, *Booking* e *Halldis*, sommersi di richieste che spesso non riescono a essere evase. Perché variare filosofia d'affitto, sul breve? Per i seguenti motivi: moltiplicare le entrate, anche fino a triplicarle! Al momento non è obbligatoria la registrazione all'agenzia delle Entrate, perché assolvono necessità di tipo turistico-vacanziero. Per molti sta per finire la pacchia, perché arriva la tassa che prevede l'obbligo di "ritenuta alla fonte" per i predetti intermediari immobiliari, cioè d'applicare e versare all'erario, all'atto del pagamento da parte dell'affittuario, una cedolare secca con aliquota al 21% sul canone di locazione. Bella notizia? Non per tutti!

Altri lati positivi degli affitti brevi, sono certamente: il mantenere propria la disponibilità dell'immobile nel breve periodo; la mancata relazione con inquilini per tempo prolungato e la notevole richiesta alloggiativa. Gli affitti giornalieri devono essere più bassi delle tariffe di Hotel e B&B, altrimenti non ci sarà appeal per gli ospiti e non ci sarà richiesta. Le tariffe dipenderanno dalla città in cui ha sede l'immobile (più alti nelle città turistiche), dalla location e dal tipo di accomodamento che offri. Per cavalcare questo tipo di business, dovresti ovviamente disporre di un immobile al posto giusto, arredato con gusto, organizzato, pulito e seguire qualcuno di questi consigli:

- Fai **Outsourcing**, richiedi cioè opportuna consulenza fiscale competente per capire qual è la strada migliore da percorrere (se Società o tua P.I., tipo di attività tra **Affittacamere - B&B - Appartamenti per vacanze**);

- Una volta individuato il tuo target di riferimento, punta sulla qualità e fai **Branding reputation** (evidenzia il tuo marchio) per distinguerti dalla concorrenza, costruisci un'efficace "**rete mediatica**" tramite un sito personale-Google Business e i Social Network più diffusi. All'inizio dovrai anche investire in traffico a pagamento con i Facebook e Google Ads;

- **Aggregati** a persone che offrono gli stessi servizi, crea consorzi in modo tale da potervi scambiare favori o scambi di clienti e risolvere meglio le varie problematiche che si presenteranno comunemente;

- **Punta sulle ottimizzazioni** della presentazione, dell'igiene, del servizio offerto, delle tariffe e ne sarai ripagato con ottime seguitissime recensioni! Aggiungendo servizi di lusso o opzionali (Jacuzzi-Prosecco all'arrivo-giro in barca-giro turistico o culinario e altri cento servizi diversi), potrai aumentare enormemente i tuoi guadagni giornalieri;

- **Proteggi le persone e il tuo business** con appropriate assicurazioni, come la responsabilità civile e contro l'incendio, che a fronte di poche centinaia di Euro, concedono notevole serenità non solo psicologica.

Casa o stanza in condivisione (Flat sharing)

In piena "Sharing economy", la casa è sempre più un bene da condividere. Nonostante la crisi economica degli ultimi anni, i prezzi degli affitti nelle grandi città non sono calati di molto. Per tale motivo, sono sempre più i giovani professionisti, coppie, famiglie con figli fuori regione e pensionati che scelgono di condividere una stanza della propria abitazione, preferendo il risparmio alla privacy. Nei grossi centri, il Flat-sharing rappresenta quasi il 20% della domanda di affitti, condivisi di massima con lavoratori temporanei, studenti anche stranieri (per imparare la lingua). Il fenomeno è conosciuto anche come "co-housing" ed è certamente dettato sia da bisogni economici sia sociali atti a sconfiggere una grande problema percepito: la solitudine! Ti pongo un quesito: perché il 70% degli italiani ha un'abitazione di proprietà, contro il solo 20% degli svizzeri? Semplice, per l'intelligenza finanziaria secondo la quale se dovessi comprare una casa, il mutuo da contrarre, limiterebbe di molto le risorse per "x" anni. Sei giovane e vorresti acquistare intelligentemente un'abitazione? Acquistala più in periferia, più ecologica, magari più grande rispetto a quella che ti servirebbe, vicino alla metro perché affitterai la camera in più che collaborerà a pagare il tuo mutuo, forse interamente! Questo è un modo intelligente per non privarsi di risorse che dovrei investire al meglio!

In verità, esistono anche altri sistemi considerati "alternativi" per investire per poi lucrare dal mercato immobiliare. Francamente, solo in pochi ne conoscono perché l'evoluzione delle conoscenze in materia finanziaria è uno dei problemi maggiori che affligge l'italica popolazione. Se in questa sede trattassi di **E.T.F.** o **Crowdfunding immobiliare**, sono certo che forse neanche tu ne avrai mai sentito parlare. In avanti, parleremo di progresso finanziario, spiegherò come individuare la migliore occasione sul mercato, come depositare e far lavorare il nostro denaro (come dei chicchi di grano) in una piattaforma e come riceverne dei profitti senza aver fatto nulla! Spero con tutto il cuore che tu conosca le decantate qualità dell'interesse passivo e come sfruttarle perché un certo A. Einstein le definiva "geniali" e te ne daremo la prova.

Affitta un parcheggio/box/podere/barca

Non ti serve il box o il parcheggio scoperto o altri simili beni di proprietà? Parti per un viaggio medio-lungo? Puoi affittare tutto a un buon prezzo, specie se vivi in una grande città metropolitana con grosse difficoltà di questo genere, dove il parking è limitatissimo e gli spazi interni possono arrivare a 300 Euro il mese. Basterà pubblicare degli annunci online su pagine dedicate alla propria città sui Social o su Google, per garantirti così una nuova rendita mensile, anche se temporanea!

Infine, se ti affascina questo genere di business, vorrei consigliarti il mio libro "**Investire in Immobili**" che ritengo essere davvero ben fatto sull'esplicazione della materia e che, ovviamente, ha già molte recensioni entusiastiche anche a causa del fatto che è l'unico ad avere dei comodi allegati che ti accompagneranno all'azione vera sul presuntuoso mercato immobiliare!

"Se devo usarlo poco, perché acquistarlo?
Se non devo usarlo, perché non noleggiarlo?".

PARTE II 11-SEI PRONTO ALL'IMPRESA

Se avrai seguito qualche, dico solo qualche consiglio emesso finora, probabilmente avrai già iniziato a costituirti delle rendite che sfoceranno naturalmente in rendite passive e, per i più arditi, nella probabile costituzione di un'impresa. Al mondo ben l'80% dei neo milionari sono dei self made man, cioè persone che si sono realizzate da sole, senza aiutini di famiglia, senza vincite, senza eredità, ecc. Se ci sono riusciti loro, perché non dovresti riuscirci anche te?

Abbiamo trattato metodi che possono farti arrivare all'agiatezza ma se proprio hai intenzione di compiere un salto cosmico, allora dovrai combinare più business per moltiplicare la leva, cioè per ridurre notevolmente il tempo verso l'arricchimento. **Quali sono i migliori business** da intraprendere? La risposta è prettamente soggettiva ma statisticamente risiede in attività congiunte tra investimenti finanziari, immobiliari e imprese innovative di vendita online/offline di beni/servizi, magari in Startup! Ti starai chiedendo il motivo! La risposta è molto semplice: a differenza di tutti gli altri business, le attività imprenditoriali, non hanno limiti di guadagno e di tempo! Le alte possibilità di realizzo in poco tempo sono possibili e del tutto fattibili qualora si centri un prodotto/servizio ad alta richiesta e bassissima competizione, anche se non è sufficiente. Infatti, potrebbe sembrarti paradossale, ma la differenza tra un progetto che funziona e uno che non funziona, a prescindere dal prodotto, dipenderà dal lavoro su se stessi. Incredibile pensare che la quasi totalità della realizzazione del progetto, dipenderà da una persona o dal team, ma è proprio così. Il successo nel business avrà bisogno di molte competenze e deriverà in buona parte dalla capacità di **focalizzarsi** in un particolare settore, diventarne ossessionato e fornire al suo interno, delle prestazioni straordinarie. **Più chiari saranno i tuoi intenti**, i tuoi obiettivi, il tuo piano e più facilmente raccoglierai le conoscenze specifiche necessarie. Scopi molto ben definiti, agevoleranno la programmazione più idonea del tuo tempo, denaro ed energie e scoprirai che ogni singola azione t'inietterà fiducia che eleverà costantemente il tuo atteggiamento positivo potenziante e contagioso verso coloro che ti saranno vicini. Le persone di successo non appena hanno a disposizione tutti gli elementi necessari, **decidono con rapidità** e senza esitazione. Quelle meno capaci sono lente nel decidersi e cambiano spesso. All'inizio tutti commettono errori ma sono obbligatori perché significa che stai agendo, anzi, mi preoccuperei proprio del contrario! Non avrai successo se non riuscirai a convincere le persone a **collaborare con te**! Dovrai specificare palesemente che cosa sarai disposto a dare o condividere. Non esser pivello, nessuno da niente per niente! Il tuo atteggiamento positivo e la tua euforia t'aiuteranno certamente nell'essere molto più magnetico rispetto ad un leader senza passione e verve!

"Le grandi soddisfazioni lavorative si otterranno solo quando si sarà disposti
*ad **assumersi delle grandi responsabilità**".*

PERCHE' PROPRIO LA STARTUP?

Ammetto che uno dei miei sogni nel cassetto è l'avvio di una Startup tutta mia e la mira su tale ambizioso obiettivo, mi fa sentire vivo e certo che è solo una questione di priorità attuali! Adoro le Startup perché, a mio avviso, sono una delle più grandi genialate che ci sono in giro nel mondo dell'impresa per quanto attiene a prodotti o servizi **innovativi**. Le recenti statistiche confermano che ho perfettamente ragione e vediamone i motivi! Se iniziassi col dirti che per statuto, le Startup non dovrebbero fallire? Negli ultimi cinque anni, la percentuale di fallimento è del 4% circa, a causa di pochi casi davvero irrecuperabili, contro il 95% dei network, e una cospicua fetta d'imprese tradizionali, difficilmente calcolabile ma basterebbe contare le saracinesche chiuse nelle nostre città per accorgi dell'ecatombe di Partite Iva! In questo periodo in Italia, le Startup sono già più di diecimila, con un'ovvia prevalenza nel Nord-Est, l'80% ha un capitale da mille a cinquantamila Euro e la quantità maggiore (30% circa) ha un organico di almeno quattro persone e poi via via a salire. A livello mondiale, il numero di "**Unicorn**", Startup ad altissima crescita, non è proprio esiguo e permettimi di condividere qualche esempio che ironicamente forse "non conosci": Apple, Amazon, Eataly, Yoox, Iubenda, ecc. Uno dei casi più esemplari e invidiati a livello planetario, è quello di *Scale Ai*, Startup sull'intelligenza artificiale del giovanissimo Alexandr Wang che in pochi mesi ha focalizzato l'interesse di tanti grandi investitori, superando il valore di ben un Miliardo di Dollari. Vorrei vedere la tua espressione sul viso, proprio adesso! E se fossi tu il prossimo a sbancare il mercato con una Startup con un'idea rivoluzionaria?

Spero tu non abbia frainteso? Nonostante i benefici che vedremo a breve, la Startup non è affatto un modo semplice per fare impresa. I vantaggi e le potenzialità di questa forma di organizzazione societaria sono palesi, ma devono prendere forma nel Business Plan e come per la costruzione di un grattacielo, le sue fondamenta dovranno poggiare sulle solide basi di informati fondatori/investitori coi quali condividerai il progetto, le responsabilità e i guadagni che ne potranno derivare.

Qui non parleremo di tradizionali S.r.l. e ti accorgerai ben presto che l'iter di costituzione e gestione saranno nettamente differenti, ed andranno affrontate con debita cognizione di causa, coi giusti consulenti e specialisti che saranno in grado di fornire un adeguato supporto per ogni genere di eventualità.

Il creare e gestire una startup innovativa è un grande impegno imprenditoriale serio per almeno 3-5 anni nei quali implementerai notevoli conoscenze specifiche, mai improvvisate, per comprendere come realizzare un modello che funzioni e che poi potrai replicare in altri settori, all'infinito. Fidati, il gioco varrà la candela se rileggerai questa guida periodicamente ed ora ti rivolgo due domande: sei pronto a trasferire l'immagine dell'impresa che hai nel cervello per dargli vita animata in un primo Business Plan? Sei coscienziosamente focalizzato nel prenderti questo rischio, per dimostrare a te stesso di voler creare un capolavoro nella tua vita, per la soddisfazione tua e dei tuoi cari? A te le risposte!

Definiamo la Startup innovativa

In questo paragrafo ti vorrei concedere un'infarinatura per non presentarti al cospetto del consulente/Incubator, completamente a secco di nozioni sulla materia.

Secondo le norme vigenti che ti consiglio di consultare (d.l. 179/2012, art. 25, comma 2 e 3), viene definita "Startup innovativa a vocazione sociale", quella società di capitali di diritto italiano, costituita anche in forma cooperativa, con sede principale dei propri affari e interessi in Italia le cui quote rappresentative del capitale sociale non sono quotate su un mercato regolamentato o su un sistema multilaterale di negoziazione.

Per poter costituire la Startup, l'Azienda dovrà prevedere alcuni **principali requisiti fondamentali**, tra cui:
-Svolgere già attività d'impresa da non più di 60 mesi;
-Il totale del valore della produzione annua non sia superiore a 5 milioni di euro, a partire dal secondo anno di attività, così come risultante dall'ultimo bilancio approvato entro sei mesi dalla chiusura dell'esercizio;
-Non distribuisca, o non abbia distribuito, utili;
-Abbia quale oggetto sociale, la produzione e la commercializzazione di prodotti o servizi innovativi ad alto valore tecnologico;
-Non sia stata costituita da una fusione, scissione societaria o a seguito di cessione.

Altri **requisiti alternativi**, dovranno essere:
-Le spese in ricerca e sviluppo, uguali o superiori al 15% del maggior valore fra costo e valore totale della produzione della startup innovativa;

-L'impiego come dipendenti o collaboratori, in percentuale di almeno ad un terzo della forza lavoro complessiva, di dottorandi o dottorati, laureati ricercatori, laureati magistrali;
-Essere titolare o depositaria o licenziataria di un brevetto industriale.

Benefici allo sviluppo delle Startup

Il citato decreto crescita, ha tra i suoi più grandi obiettivi, quello di "incubare" e accelerare le Startup, grazie a previsti benefici, che sarebbe il caso tu conosca per convincerti ancor di più della loro bontà. Infatti, ritengo che esse siano uno strumento davvero avanzato perché sono inquadrate molto specificatamente e nel quale si evidenziano una serie di grandi favori per catalizzarne lo sviluppo e creare così reddito, gettito fiscale ed occupazione. Davvero una bella idea, non credi? Vediamo alcuni di questi benefici.

-**Accesso a mutui bancari**, grazie alla istituzione statale del Fondo Nazionale di Garanzia per il credito alle imprese; Come? Guarda un po', necessiterà costituire un approfondito Business Plan per ottenere la garanzia del Fondo per l'80% del credito con procedura agevolata per richieste entro i 50.000€ euro e per importi (cumulabili anche in più richieste) fino a 1,5 Mln;
-**Previsti piani di incentivazione per quanto concerne la retribuzione dei lavoratori**, in quanto deve essere composta necessariamente da una parte fissa e da una variabile, con il fine di promuoverne lo sviluppo durante le fasi di avvio; inoltre, la parte **variabile della retribuzione**, non concorre a formare il reddito imponibile sia ai fini fiscali che contributivi.

-La "non applicabilità" del limite del 20% previsto per le assunzioni a **tempo determinato** rispetto al numero complessivo di lavoratori a tempo indeterminato;

-La **concessione di un credito d'imposta**, per un importo pari al 35% del costo aziendale sostenuto per l'assunzione di personale altamente qualificato a tempo indeterminato, anche con contratto di apprendistato.

-La possibilità di **ottenere i Bonus ricerca** ovvero l'agevolazione in forma di credito d'imposta fino al 50% del valore incrementale dell'investimento in ricerca e sviluppo per investimenti superiori a 30.000 euro. Ovviamente, tutto l'investimento nel primo anno di vita, risulta incrementale e quindi si ottiene il valore pieno del credito.

-Ulteriori agevolazioni sono il **super ammortamento**, patent box, cessione delle perdite a società quotate, non applicabilità delle procedure fallimentari, procedura agevolata per compensare IVA, non applicabilità "società di comodo".

-Alle startup **è fatto divieto di distribuire utili** (differenza tra costi e ricavi) ai soci, ma si potrebbero emettere Strumenti Finanziari Partecipativi (SFP- previsti da apposita clausola nella statuto) grazie ai quali poter raccogliere capitali e contabilizzarli come equity.

Comprendi ora perché cerco di condurti su questa strada? Infine, nel prossimo libro, tratteremo diffusamente anche del Decreto Rilancio del Luglio 2020.

I primi passi fondamentali

Passo 1 - Sempre che tu non sia già stimolato, Il primo passo in assoluto è **trovare l'ispirazione**. Pensare e ideare, da soli, spesso non bastano perché hanno bisogno di una scintilla, di un'intuizione, un'Eureka! Ti consiglierei di guardare nei siti o piattaforme di Startup e Crowdfunding internazionali per considerare l'offerta e per cercare un prodotto/servizio o un'idea illuminante. Potresti valutare anche un qualcosa già esistente sul mercato ma notevolmente migliorabile o un prodotto commercializzato solo all'estero con notevole successo, ma assente in Italia!

Passo 2 - Per evitare un clamoroso flop, ancora prima di pianificare l'impresa ti consiglierei di effettuare **un'indagine di mercato**, che tratteremo diffusamente a breve!

Passo 3 – Una volta costatato un certo interesse verso la tua idea, procederei proprio come si fa nell'attesa di un nascituro, cioè **penserei già a un nome** coinvolgente che possa identificare univocamente e attrattivamente l'attenzione sulla Startup. Consiglio di cercare su *Google* o su *nomecheck* per non rischiare che sia già presente, quindi verifica anche la disponibilità del marchio su *Euipo* per la registrazione e su un fornitore di domini per costatare che disponibilità del marchio.com.

Passo 4 - Incontro obbligato con un **consulente fiscale**, che ovviamente semplificherà il tutto dicendoti che non vi è nulla di più facile: per lui magari ma per te le insidie commerciali sono davvero tante e spesso vengono fuori tutte insieme e nei momenti peggiori, come abbondantemente predetto dalle leggi di Murphy. La visione imprenditoriale e gli obiettivi prefissati, devono tener conto di molte variabili da cui dipenderà la buona riuscita del business. Tutti i fattori non possono risiedere nella tua testa ma li dovrai tradurre, come al solito, in un piano architettato chirurgicamente.

Passo 5 - Quando sarai dinanzi ad un foglio bianco per cercare di pianificare la tua impresa, sarai assalito da mille interrogativi, tra cui il più grande sarà: *Come devo iniziare?* In questo ti allungherò una grande mano, perché ho già trattato come si dovrebbe avviare l'iter per intraprendere qualsiasi cosa, ricordi? Tramite il mio **PI-PRAC**, dovresti avere le idee chiare sul come abbozzare il tuo business in un progetto **Pianificato** per iscritto (*Business Plan*) nel quale dovrai identificare tutte le **Risorse** a tua disposizione e necessitanti prima di passare all'**Azione istantanea**. Vorrei appena rammentarti che il BP è un documento di previsione e gestione fondamentale per tutte le imprese perché dovessi aver bisogno di capitali esterni, non potrai presentarti ai potenziali finanziatori con il piattino delle elemosine, ma essi esigeranno un piano verosimile e professionale per potersi fidare di te e accordarti loro sostanze, previo contratto. Qui parliamo di persone esperte che vedono caterve di BP e se riuscirai a influenzarle positivamente, già da subito con un progetto **sintetico e concreto**, presumo che nessuno potrà realmente concorrere contro di te!

Pensare di preconfezionare un BP che potesse andare bene per tutti i tipi d'impresa, in tutti i settori e con tutte le variabili, francamente, mi è parso impossibile già dall'inizio! La cosa che mi è sembrata più fattibile per accontentare voi tutti, è stata l'identificazione delle **finalità** per comprenderne le caratteristiche fondamentali e imprescindibili che un BP avrebbe dovuto contenere per determinare un'ottima e istantanea buona impressione. Infatti, questo basilare documento deve raffigurare una completa guida strategica, deve contenere un programma cadenzato per punti analitici per perseguire **obiettivi** come:

-Stimolare subito colui il quale deve giudicare e aiutarlo nell'identificazione dei punti di forza ed eventuale debolezza del progetto per sentirsi, inconsapevolmente, parte dello stesso, consigliando strategie alternative;

-Stabilire un punto zero o un riferimento per misurare la crescita nei diversi rami del BP;

-Sancire distintamente tutte le strutture che dovranno reggere l'impresa, dalle risorse umane a quelle finanziarie, dalle logistiche alle gestionali, dal management alla diversificazione del prodotto, dal marketing allo sviluppo, ecc.;

Il Business Plan, che mi appresto ad introdurre, viene spesso identificato come un documento statico, redatto per convincere nel concedere finanziamenti, ma ritengo sia un atteggiamento completamente errato. Il BP deve essere inteso come un documento **dinamico** che deve seguire ed adattarsi a tutte le sue **quattro fasi aziendali**: progettazione, avvio, sviluppo e maturità. Solo dopo averlo scaricato e faticosamente completato ne capirai le fenomenali potenzialità e capacità di gestione globale dell'assetto societario. Sarà come aver costruito un ramo autostradale ottimizzato con guard-rail, segnaletica e illuminazione alla cui fine risiederà la tanto agognata meta. Come dovrai fare in concreto? Lo svelerò nei prossimi paragrafi che, al termine dell'opera, porteranno al downloading del mio format.

Come progettare un BP

Molti sognatori occasionali, ritengono che un BP sia **inutile**, una vera perdita di tempo per avviare un'impresa ma la ricerca ha dimostrato proprio il contrario, cioè che esso contribuisca notevolmente alla consapevolezza della propria Azienda, evitando alcune cause comuni di fallimento. Ok, è complesso ma cercherò di facilitarti il lavoro senza dimenticare nulla, per accompagnarti per mano verso il successo.

Per la miglior progettazione e qualunque sia la grandezza e le peculiarità dell'Azienda che hai in mente di realizzare, dovrai imparare a focalizzare la tua attenzione e azione rispettivamente in ognuna delle sezioni che enuncerò di seguito, in maniera particolareggiata! Un progetto condiviso necessariamente **scritto** e unidirezionale farà sì che tutti potranno concentrare i propri sforzi nella stessa direzione. Come già detto, non potrebbero esserci regole rigide per il formato di un BP ma per prassi è accettata in campo internazionale una suddivisione completa in **dieci sezioni**. Alcuni dei contenuti potranno avere nomi differenti o saranno presentati in un ordine diverso, ma quasi tutti i piani aziendali copriranno queste aree generali d'interesse.

Ecco **cosa dovrebbe necessariamente contenere** il tuo BP:

0.Panoramica (Overview);
1.Sommario esecutivo (Executive Summary);
2.La descrizione del progetto d'impresa (The description of the business project);
3.La descrizione ed illustrazione dei prodotti o servizi (The description and illustration of the products or services);
4.Analisi del settore (Industry analysis);
5.Analisi di mercato (Market analysis);

6. La strategia di Marketing (Marketing strategy);
7. La struttura del Management (Management structure);
8. Il piano operativo e di sviluppo (The operational and developement plan);
9. L'analisi finanziaria (Financial analysis);
10. Appendice con allegati (Appendix with attachment).

Nel prossimo libro sulla costituzione in Startup ("Realizzare Business Plan Vincenti!"), mi sono avventurato nella spiegazione certosina di ogni singolo passo ed, ovviamente, allegherò un form di Business Plan già pronto da compilare! Io facilito, tu devi solo fare, fare, fare!

Tutte le ripartizioni nel modello sono correlate e non potranno essere scritte separatamente, tranne una: la **panoramica**. Essa è un'introduzione, una vista generale ma sintetica sul progetto. Quando ti proporrai agli investitori, dovrai incuriosirli porgendo solo questa parte distaccata dal BP che riepilogherà la tipologia del progetto. Ti consiglio di adottare sia la forma scritta e la presentazione in slide da trasformare in video da inviare eventualmente tramite link, perché? Perché dovrai sognare in grande da subito, dovrai prevedere uno **sviluppo internazionale** del tuo progetto e per tale motivo le sezioni sono state anche nomenclate in inglese. I tuoi finanziatori potranno essere anche in Australia e solo nel modo che ti ho illustrato, potrai raggiungerli in pochi secondi per un parere sull'Overview. Solo se essa piacerà, ti chiederanno di continuare con il BP completo. Questa è una strategia ordita per incuriosire gli investitori ma nello stesso tempo serve a non scoprire totalmente le carte perché clonarti l'idea, potrebbe essere veramente facile. Inutile preparare una panoramica all'inizio perché la cambieresti in continuazione, quindi, dovrai prepararla quando avrai concluso il BP, estrapolando da esso i dati sufficienti per renderla convincente.

L'onere del BP è demandabile in "**Outsourcing**" ad Aziende specializzate, dietro lauto compenso ma ritengo sia molto meglio scrivere da soli il piano perché sei la persona che conosce meglio di tutte la propria attività, la più responsabile e ti assicurerà anche la totale conoscenza delle dinamiche aziendali, e il fondamentale controllo, anche per invogliare potenziali finanziatori.

Il consiglio migliore che potrei darti in questa fase è di condividere l'idea con uno o più amici che hanno competenze diverse dalle tue e magari anche esperienze differenti per avere punti di vista soggettivamente diversi sui passaggi da compiere. Indipendentemente dal fatto che tu abbia o no conoscenza in un determinato settore, prima d'iniziare fisicamente a concepire il tuo piano, dovrai cimentarti nelle ricerche approfondite sul mercato per avere una dettagliata comprensione delle forze che influenzano il settore. Potresti aver bisogno di assistenza nell'organizzare i dati e le informazioni finanziarie e gli amici o il team, servono proprio a questo.

Dovessi essere interessato davvero all'argomento, ti chiedo di fidarti nuovamente di me, è acquistare anche il predetto mio ulteriore libro perché è un condensato di nozioni difficilmente scovabili nel grande bacino di informazioni inutili che è ormai diventato il web.

12-ALTRI ESEMPI DI IMPRESA

Anche se non vedo possibilità di paragone con la Startup, vorrei consigliare altre tipologie d'impresa per aiutare coloro i quali volessero differenziare i propri business con un qualcosa di differente rispetto a ciò che è stato finora trattato.

Acquisto in stock

Hai già un'attività commerciale al dettaglio? Qual è il sogno più grande di ogni venditore? È quello di acquistare a uno per rivendere anche facilmente a dieci! Potresti pensare d'acquistare articoli in stock derivati da giacenze di magazzino, articoli di fine serie, rimanenze a seguito di chiusure di attività commerciali, merce in sovrapproduzione, derivante da liquidazioni stagionali, aste, sgomberi vari, smaltimenti, ecc. per rivenderli a un prezzo molto più alto! Questo genere di merce è spesso difficile da ricollocare sul mercato tradizionale e costituisce un costo per l'Azienda che li detiene e che vorrebbe disfarsene quanto prima. Per tali motivi, ci sono imprese sul territorio che, previa richiesta di sopralluogo e preventivo, si pongono come partner nell'acquisto di determinate tipologie di merce, mettendo a disposizione la propria esperienza e le proprie reti di contatti referenziate in Italia e all'estero con l'obiettivo di:
-Favorire la liquidità aziendale;
-Smaltire le eccedenze di magazzino senza costi;
-Ridurre i costi di stoccaggio;
-Guadagno vicendevole.
I settori d'intervento preferiti sono: Abbigliamento e accessori, elettronica, sgombero cantine-case-edifici, beni consumabili, materie prime, prodotti per l'edilizia e beni durevoli. La stessa cosa si potrebbe esercitare anche online,

acquistando da navigati stockisti (cerca su Google) per poi rivendere singolarmente su siti come Ebay e similari.

Distributori automatici (Self Service)

È uno dei business del momento. Ormai il self service sta spopolando perché è tempo ormai che ci stanno educando a: far benzina da soli, lavar l'auto da soli, fare il caffè da soli, fare il bucato da soli, comprare medicine da soli, fare qualunque tipo di spesa da soli, acquistare gadget erotici da soli come pure un altro centinaio di esempi simili. Oltre a crearti delle rendite passive ottenute cioè senza la tua presenza fisica sul luogo di lavoro, i self service rappresentano un vantaggio innegabile sia per i clienti che per i gestori a causa di una serie di **vantaggi** quali:
-Attività sempre aperta 24 h al giorno, senza la necessità d'effettuare turni di chiusura festivi o settimanali o ancora di chiudere durante le ore notturne;
-Presenza del gestore o incaricato, solo per il rifornimento, recupero del denaro e manutenzione ordinaria;
-Vendita di quasi ogni tipo di prodotto;
-Assenza di licenze e concessioni particolari o specifiche;
-Gestione compatibile con altri lavori, specie i part-time;
-Nessuna gestione della complessa variabile umana!
Per intraprendere un'attività del genere, ci sarà bisogno di un bell'investimento, la scelta del locale e della posizione sarà attagliata al genere del prodotto, dovrà possedere adeguati allacciamenti alle utenze, avere un piccolo magazzino per le scorte e l'immancabile impianto di videosorveglianza per soli fini di sicurezza. Bada che i distributori possono essere sia acquistabili che noleggiabili, ma in ambo i casi dovrai scrivere e pianificare tutte le spese per comprenderne le reali capacità di realizzo! Infine, se hai meno risorse a

disposizione, potrai abbattere radicalmente i costi d'impresa, valutando l'apertura di un self service in franchising, che è l'oggetto del prossimo paragrafo!

Inizia o sviluppa un Franchising

In italiano sarebbe "**affiliazione commerciale**" ed è una formula di collaborazione vicendevole tra imprenditori per produrre o distribuire beni e/o servizi. É intelligentemente indicata per chi vuole avviare una prima attività, non costruendo da zero ma affiliandosi a un Brand già riconosciuto, godendo di formazione specifica, consulenze continue, prezzi di favore e cosa non da trascurare, un marchio già affermato verso il pubblico di clienti. In cambio, l'affiliato s'impegna a rispettare il contratto che impone standard e modelli di gestione e produzione stabiliti a priori con la casa madre *"franchisor"*. A quest'ultima, di solito, si paga una commissione d'ingresso (*fee*) e una percentuale sul fatturato (*royalty*). Oltre a quelli già nomenclati, ci sono altri importanti vantaggi innegabili per entrambi gli attori. L'Azienda madre con il franchising, ha concretamente una crescita più veloce rispetto a uno sviluppo tradizionale e il rischio d'impresa è ripartito tra le parti. Per più informazioni, ti consiglio di consultare l'ordinamento dei Franchising, L. 129/2004.

Se possiedi un'attività in proprio e avessi deciso di espanderti in maniera esponenziale, hai già tutti i dati per organizzare un Franchising. Ancor prima di una buona consulenza, fai un ripasso di ciò che ti servirà:
1.Realizza un Business Plan dettagliato;
2.Definisci fee d'ingresso e royalty;
3.Stabilisci il contratto nel rispetto delle norme vigenti;
4.Piano di marketing;

5. Sviluppo del manuale operativo e dei moduli;
6. Strategia di lancio, promozione e sviluppo.

Un grande consiglio, qualora tu fossi interessato a questo tipo d'impresa: cerca e visita una delle tante fiere del franchising, per avere informazioni sui migliori del momento, ritrovati tutti insieme in uno stesso luogo! Infine, non trascurare la possibilità trendy di sviluppare un franchising in startup con Crowdfunding.

Compra - vendita di beni esteri

Molti imprenditori viaggiano per piacere o affari e scoprono che i prodotti locali del paese visitato, hanno prezzi davvero ridicoli rispetto ai nostri. Quando tornano a casa, organizzano la compra-vendita, acquistando il bene all'estero, rivendendolo in Europa con spaventose percentuali di realizzo. A dire il vero, anche il "Made in Italy" è apprezzatissimo in tutti i paesi del mondo perché sinonimo di alta qualità, quindi, potrebbe essere un'idea eccezionale anche organizzare massicce esportazioni di prodotti nostrani per sollazzare i gusti stranieri, con leccornie come vino, parmigiano, prosciutto, ecc. Immagina se ti proponessi con un sito eCommerce multilingue che vende questo genere di articoli, specie sottovuoto! Con un po' d'audacia, si potrebbe riuscire anche a raddoppiare un capitale in pochi mesi. La vendita internazionale però, comporta una maggiore complessità gestionale, per la lingua, le difficoltà logistiche e la diversità nella normativa fiscale. Ottimo suggerimento è quello d'investire in economie in crescita, come i paesi **Bric** (Brasile, Russia, India e Cina) dove è risaputo ci siano forti possibilità di sviluppo, senza molte incombenze burocratiche. Eviterei i mercati in declino, anche se i prezzi possano sembrare più convenienti. Infine, dovari sempre fare attenzione al rischio di cambio con la valuta del paese nel quale compravenderai e prima di compiere certi passi, appare ovvio e opportuno chiedere una consulenza a un commercialista internazionale, per esser condotti al meglio sulla strada della tranquillità, anche magari per aprire una tua filiale off-shore.

"Per alcuni di voi potranno sembrare scontati ma per tanti altri potrebbe rappresentare l'ispirazione che cercavano"!

13-COME AUMENTARE LE ENTRATE

Qualsiasi tipologia di Società o di business intraprenderai, aumentare velocemente il fatturato ti sembrerà da subito un'esigenza primaria, come l'assenza di aria! Ti sembrerà che sia ripetitivo ma i prossimi consigli derivano dal fatto che conosco davvero il reale valore di ciò che asserisco. Hai compreso che il successo negli affari, non deriva solo dal **"saper vendere"**? OK, se saprai farlo bene potrai certamente fare un pò di soldi ma per avere un successo duraturo nel tempo, l'Azienda moderna deve essere sostenuta da clienti la cui maggior parte si comparti da fan attivo e appassionato. Come fare? Dando **attenzione e valore** alle vite altrui in maniera originale! L'attenzione (facci caso) è sempre più scarsa e a causa di questo, anche la pubblicità sta cambiando e si sta trasferendo sui social in mobile, meglio se veicolata da influencer di cui ci si fida perché si è creata una **relazione** mediatica con essi! In altre parole, devi innamorarti dei tuoi clienti e devi farglielo percepire! Infatti, quello che fa vendere oggi è avere della gente "di fiducia" che consigli agli altri il tuo prodotto perché lo giudichi il migliore sulla piazza. É veramente decisivo che tu abbia un'ottima reputazione, se vuoi che la tua impresa vada al massimo. Innanzitutto, in qualsiasi momento del percorso aziendale tu ti trovi, devi fare il punto della situazione chiedendoti dove sei in questo momento con il tuo business! L'attività deve essere interpretata come un viaggio: vi è un desiderio iniziale, una meta finale e una fondamentale mappa (BP) che ti possa condurre lì dove desideri ardentemente arrivare. Per la tua Azienda hai mai fatto un BP quinquennale? Qualunque sia la tua risposta essa è comunque sbagliata. Ti spiego il motivo! Il mondo sta cambiando così rapidamente che è impossibile avere idea di cosa avverrà in futuro! Per questo dovrai limitarti a farlo nel triennio, con sviluppo annuale e poi trimestrale. Solo così potrai avere sotto controllo gli sviluppi del tuo business. Specie nei momenti bui del mercato (ci saranno sempre) nei quali solo chi è abbastanza preparato, sarà avvantaggiato nella competizione.

Tutte le attività hanno degli stadi di sviluppo e nella fase iniziale è più importante sviluppare le capacità di previsione! Dopo, per sopravvivere, che devi fare? Devi cercare costantemente l'**innovazione** strategica, che interessi e incuriosisca i tuoi clienti rinverdendo costantemente le tue strategie di **Marketing**! Mi vuoi spiegare come puoi accettare qualcuno che ti consigli l'email marketing quando la gente è frustrata dalle caselle di posta elettronica ultra piene? Devi battere strade nuove, devi osare, devi arrivare prima degli altri e non dopo. Ad esempio, punta sul vocale (Alexa e Google Talk) se hai attività locali perché la gente ordinerà la pizza per la famiglia tramite ordini vocali ricorrenti; usa la chat per organizzare risposte automatiche, istantanee ma mai invadenti; usa gli sms che hanno un costo e sono ancora percepiti come comunicazione "di valore". Capito cosa voglio dire? Innovare, secondo me, vuol dire andare incontro ai bisogni dei clienti, valorizzandoli più di quanto chiunque altro abbia mai fatto! O innovi o muori come noti esempi quali: Blockbuster, Nokia, Explorer e altre migliaia che non l'hanno fatto!

Prendiamo come modello i migliori e non i peggiori. Le aziende migliori al mondo sono anche le più grandi. Esempi come Amazon, Apple, Google, sfornano in continuazione prodotti e servizi proiettati al futuro di cui la gente sente di non poter fare a meno. Prendi esempio e aggiungi valore ai prodotti, rendili accattivanti, interessanti, in modo originale, nuovo e solo così che creerai clienti appassionati come dei veri e propri fan! Ho parlato finora del processo ripetitivo del creare, automatizzare e duplicare ma chi ha un'impresa locale, reale lo trova davvero difficile da comprendere e da realizzare, specie se si distribuisce con una rete di vendita arcaicamente tradizionale! Soluzione: il covid19 ha fatto comprendere che bisogna avere una compagine online con delivery a domicilio e la situazione andrebbe rivalutata periodicamente sotto il punto di vista costo/beneficio. Attenditi sorprese! Altra cosa molto importante: acuisci le tue competenze in ambito amministrativo perché è fondamentale nel business. Quanti imprenditori coscienziosi fanno un salto settimanale nel proprio ufficio contabile? Sono come le pozze d'acqua in un deserto! E quanti conoscono i documenti essenziali da saper leggere? Pochissimi, allora non c'è nulla da lamentarsi se si demandano ad altri pratiche così importanti! Capisci ora perché la mortalità delle Società è così alta? Imparare a ottimizzare la tua impresa, passa dalla tua di ottimizzazione, significa cioè acquisire costantemente sempre maggiore consapevolezza tale da poter operare piccole e costanti modifiche al tuo business! Molto meglio dell'immobilismo, molto meglio che alzare la saracinesca ed attendere passivamente i clienti. Tali coscienziosi cambiamenti porteranno a far evolvere l'attività verso ciò che ti richiede il cliente e quindi verso l'eccellenza e al tuo meritato successo, frutto di tanti sacrifici!

"Per elevare il fatturato dovrai costantemente
operare piccole modifiche ricorrenti
per innovare costantemente il tuo business"!

14-COME EVITARE IL FALLIMENTO

Se seguirai i consigli in questa guida, fallire è un'opzione che non potrai sperimentare. I grandi saggi dicono che l'azione porti alla vittoria o all'esperienza, il non riuscire è solo una posticipazione più consapevole del successo! In questo capitolo consiglierò su cosa dovrai porre l'attenzione per non vedere flessioni della curva di crescita. Cercherò di ordinare le raccomandazioni dalle più importanti alle meno anche se ogni esperimento personale è univoco e differente. Andiamo a scoprire cosa potrebbe asfissiare la tua impresa per esercitare, in futuro, una migliore e più consapevole opera analitica e di controllo, intesa alla prevenzione di uno o più comportamenti a rischio! Iniziamo.

-Non hai effettuato un testing preventivo e dopo il lancio ti accorgi che il mercato non ha bisogno del tuo prodotto o servizio; hai impiegato molte risorse e hai costruito un qualcosa in una nicchia troppo marginale, o con un'idea poco originale o poco interessante. Ricomincia meglio!

-La Società va sotto le capacità di saldo (out of cash), perché hai pianificato un BP senza ampio margine e in maniera superficiale, oppure non hai saputo ben interpretare i dati analitici, o per l'eccessiva velocità nel lancio o per mancanza di fondi necessari per aver scelto investitori inefficienti. Trovane subito degli altri o chiuderai!

-Il team non è complementare per divisione delle competenze, compiti, spese e responsabilità; o sei un inguaribile e stupido accentratore, unico testardo fondatore che non si fida di nessuno e preferisce fare qualsiasi cosa in prima persona! Impara a demandare, responsabilizzare!

-La scarsa esperienza o motivazione, non riescono a farvi competere o hai scelto consulenti o piattaforma che non vi dà il giusto ausilio. Correggi in fretta in corsa!
-Problemi di errato Costo/beneficio, se le spese si eleveranno, esse tenderanno a ridurre i guadagni, forse oltre le attese. Impara a trovare le soluzioni col Team!
-Il focus deve essere completamente sul prodotto, qualora non lo fosse, il cliente lo riterrà inadeguato al prezzo e non lo comprerà mai più! Il prodotto deve essere la tua/Vostra ossessione!
-Una grande idea non è abbastanza! È necessario avere un decente modello di business, un ottimo PdM, una strategia di monetizzazione istantanea. Devi guadagnare da subito per avere il giusto combustibile mentale e fisico!
-La lentezza e il mancato vigore nel lancio sul mercato. Anche l'eccessiva fretta potrebbe giocare dei brutti scherzi. Calibra la giusta tempistica.
-Se ignori i clienti, oppure non hai una lista, sacrificando così i consolidati. Devi sapere necessariamente chi sono e come inviare offerte ai clienti migliori.
-Il cambiamento della visione e tutto ciò che può distoglierti dal prodotto. Molti, addirittura, partono con un'idea e se non si dimostra corretta, spengono l'attività! Le modifiche in corso non piacciono a nessuno ma valuta attentamente una mutazione naturale! Non arrenderti mai!
-Dissensi tra i membri del team o con gli investitori. Le idee di tutti vanno ascoltate e trattate in brainstorming. Il non aver voglia di lavorare in prima persona o le liti inutili tra fondatori o sforzi poco audaci! La comunicazione interpersonale è l'arma più efficace!
-Non hai saputo dire "No" quando avresti dovuto. Per avere la totale focalizzazione su ciò che fai, devi imparare a dire di

"No" a tutte ciò che non porta valore o ti fa perdere tempo. È un'attitudine che devi fare tua quanto prima!

-Decrescita della passione, essendo più orientati al profitto che all'idea di migliorare qualcosa nei clienti!

-La location non è idonea, non è corroborante. Valuta un ammodernamento o un cambiamento per espansione.

-Le cattive assunzioni di consulenti e/o collaboratori incapaci (programmatori, legali, distributori, ecc.). Pondera adeguatamente le Skill prima di assumere!

-Operare in ambienti ostili pronti ad allontanarti dai tuoi obiettivi. Mettilo in preventivo e imparerai ad affrontarli!

-Il non saper gestire l'eventuale successo esplosivo. Si vedono tanti esempi di Aziende, specie Startup che letteralmente esplodono e poi decedono perché il management non era avvezzo a gestire il grande successo! Mettilo in conto dall'inizio e servitene come motivazione.

-I problemi fisici da affrontare. Devi mettere in conto che non siamo dei Superman ma anzi, l'essenza umana è davvero molto labile. Mangi male, bevi poco, sei stressato e le conseguenze arriveranno col tempo. Se non crei tempo per la salute, sarai forzato a creare il tempo per la malattia. Un obbligo di tutti è quello di tenersi in forma dal punto di vista psico-fisico e sociale (Definizione OMS).

-Le denunce e i problemi legali minano la reputazione dell'impresa. Alla larga come la peste!

-Non hai sfruttato a modo le tue reti e quelle degli investitori, perdendo così la trazione motrice! Indici regolarmente riunioni plenarie per distribuire le responsabilità!

-Assapori il *Burnout*, cioè ti bruci dopo aver infuso tanta passione, senza vedere risultati tangibili. Trova l'equilibrio!

-La sensazione di fallimento, delude il team, gli investitori, gli impiegati, i clienti. Chiedi aiuto per tempo!

-Non hai saputo far evolvere appropriatamente i tuoi prodotti perché periodicamente gli algoritmi nei mercati in cui insistono, cambiano. Evolviti continuamente!
-Eccesso di fiducia nel tuo Team. Il saggio dice che se non vuoi provare la delusione, non illuderti su nulla e nessuno! Basso profilo, sempre!

Insomma, l'unica certezza è…imparare a non averne! Come colui che cerca di scalare il K2. Tutte le imprese di una certa rilevanza, richiedono alto rischio. Ecco perché solitamente chi riesce nel lungo periodo è qualcuno che ha dimostrato del coraggio, soprattutto a se stesso! Una volta lassù in cima godrai di un bellissimo panorama e sarai finalmente soddisfatto di aver creato un qualcosa di importante per chiunque graviti attorno a te. Che soddisfazione!

"L'azione porta alla vittoria o all'esperienza,
il non riuscire è solo una posticipazione
più consapevole del successo!

15-FISCO E PUBBLICO IMPIEGO

Questo capitolo non sostituirà mai una buona consulenza fiscale! Risponderò ad alcune tra le più frequenti domande che mi vengono rivolte. La più frequente in assoluto è:

La Partita Iva (P.I.) è obbligatoria quando s'inizia un business online?

Sarebbe stupido! Il nostro Ordinamento fiscale è uno dei più schiaccianti in Europa ma almeno in questo chiarisce che se le vendite online sono **sporadiche e occasionali** cioè senza continuità nel tempo, non vi sono particolari adempimenti da compiere, e i redditi prodotti andranno dichiarati al fisco attraverso il modello 730 o modello Unico. Non possedendo partita IVA e quindi non potendo emettere fattura all'atto della vendita è ritenuto sufficiente il rilascio di una nota di debito o di una quietanza di pagamento. Nei casi tu lavorassi per conto di piattaforme, nei primi mesi di ogni anno dovresti ricevere un riepilogo dei guadagni (Statement) per poter ottemperare ai tuoi obblighi fiscali. Superati gli scaglioni di reddito, saranno esse stesse a chiederti di regolarizzare la tua posizione erariale.

Sono un Dipendente pubblico, potrei intraprendere una seconda attività?

Il dipendente pubblico è colui il quale presta la propria attività alle dipendenze dello Stato, normato dallo Statuto degli impiegati civili e dal contratto di categoria, che ti consiglio di leggere attentamente per avere un quadro più preciso del tuo ambito lavorativo e i margini di movimento.

Il lavoro pubblico viene differenziato in due grandi categorie, quello a **tempo pieno** e **part-time**, ed in base alla tipologia, discende la legittimità di un'eventuale seconda attività! Nella

categoria dei contratti a **incompatibilità assoluta**, rientrano i contratti a tempo pieno per i quali la legge impone il dovere di esclusività, e il dipendente dovrà evitare di:
-Avviarsi al commercio;
-Assumere impieghi secondari presso datori di lavoro privati;
-Assumere cariche attive in società aventi scopo di lucro;
-Esercitare attività di carattere industriale;
-Svolgere incarichi retribuiti.
Ovviamente, qualora tu fossi un dipendente, potrebbe calare in te un alone di rammarico ma fai attenzione e ti farà piacere il sapere che a queste regole generali ci sono delle **eccezioni** che permettono di svolgere attività extra-orario, previa autorizzazione preventiva dell'amministrazione di competenza oppure delle attività sempre e comunque consentite. Tali attività compatibili dovranno rispettare dei criteri generali quali: trattarsi di un'attività occasionale e non continua, non interferire con il lavoro principale, non deve esserci alcun conflitto di interessi, non deve essere lesivo nei confronti del lavoro dipendente, non deve arrivare ad avere carattere di preminenza economica e deve essere svolta al di fuori dell'orario di lavoro.

Invece, per tutti i dipendenti pubblici in regime di **part-time** non superiore al 50% e altre particolari categorie come i docenti scolastici ed universitari a tempo determinato, il personale sanitario, ecc. è permesso chiedere l'autorizzazione per svolgere una doppia attività come libero professionista e quindi aprire anche la partita iva che non deve comunque rientrare tra le attività incompatibili con il pubblico impiego e non deve esistere il conflitto di interessi.
Come ci si fa autorizzare un lavoro secondario compatibile?

Innanzitutto, vorrei ribadire che essere un pubblico dipendente non ti impedirà di investire liberamente il tuo denaro. Forse non ti sei mai soffermato a comprendere che avresti potuto intraprendere attività secondarie del tutto legittime che concedono la possibilità di garantirsi delle **rendite** come:

1-L'asset allocation (la diversificazione del patrimonio) in strumenti finanziari più volte trattati nei miei primi libri per riceverne dividendi, cedole o capital gain;
2-Gli investimenti immobiliari (e ve ne sono molteplici tipologie) che potrai svolgere parallelamente al tuo lavoro primario, sia per compra-vendere immobili che "metterli a reddito" con affitti a tassazione agevolata;
3-L'investire in quota capitale di aziende (anche in Crowdfunding) fisiche o online, nelle quali non dovrai avere un ruolo apertamente "attivo".
Oltre a queste attività ampiamente già trattate, se avrai compreso le normative a riferimento, avrai dedotto che pur essendo uno "statale" potrai intraprendere una nuova professione previa l'autorizzazione da parte dell'amministrazione di competenza. Tale richiesta, da inoltrare al proprio dirigente, andrebbe redatta di concerto ad un consulente CAAF o di un Patronato, sulla base di quella che troverai già fatta sul mio portale, per la quale dovrai necessariamente attendere di ricevere il consenso entro trenta giorni dalla data di inoltro formale.

Quali sono le attività sempre consentite?
Ebbene sì, ci sono attività che non necessitano di autorizzazione ma di una semplice "comunicazione"

annuale. Immagino tu possa essere curiosissimo e non vedi l'ora di sapere quali sono ed allora vediamole:
-Attività non a fini di lucro presso organizzazioni no-profit;
-Collaborazioni con giornali e riviste e società sportive;
-Sfruttamento delle capacità dell'ingegno (brevetti, invenzioni, opere protette da copyright, ecc.);
-Conferenze culturali pubbliche e affini con storno delle spese.
La domanda nasce spontanea?

Posso sfruttare tutto ciò che creo con il mio ingegno?
Certamente sì! Esempi classici sono: libri, canzoni, app, games, software, ecc.! Potresti certamente iniziare a testare le tue competenze ed attitudini per valutare la possibilità di intraprendere un hobby remunerativo in maniera dapprima occasione e poi...si vedrà!

Da cosa potrei iniziare?
Potresti iniziare dalle tue passioni. Non ne hai? Impossibile! Tutti ne hanno, diciamo meglio che forse non hai capito quali possano essere, tutti hanno un dono univoco. Non sai quale possa essere? Chiedi ai tuoi amici: in cosa ritengono tu sia molto più bravo di altri? Potresti iniziare a scrivere di questa tua passione, aprire un blog, divenire un correttore di bozze o un copywriter. Abbiamo affrontato almeno 100 modi diversi per iniziare a costruirti una rendita accessoria che poi, magari, potrà divenire preminente.

Potrò coronare i miei sogni?
Sognare è gratis ma l'azione è molto faticosa e non tutti arrivano sempre in fondo! E' semplicemente "selezione naturale". Qui hai finalmente appreso che non sempre c'è

incompatibilità tra lavoro pubblico e lavoro privato. Non solo è possibile per un dipendente pubblico iniziare a sognare ed avere un passatempo remunerativo ma ci sono anche tantissime altre possibilità per tramutarlo nel lavoro che abbiamo sempre sognato di fare! Inizia ora la sfida contro te stesso, perché coronare i tuoi sogni è possibile!

Infine, l'assenza di una regolamentazione esplicativa e chiara, rischia di non adottare soluzioni uniformi e non garantire ai dipendenti un trattamento univoco ed imparziale ma tu...fottitene e invia la richiesta perché male che vada la risposta sarà semplicemente un "NO" ma se non rispondono entro il termine o rispondono in maniera affermativa, ti saranno aperte le porte della tua creatività lasciando la sufficienza, finalmente alle tue spalle!

Come si avvia un'attività continuativa?
In caso di lavoro organizzato in impresa, con attrezzature, collaboratori o lavoratori subordinati e con un tipo di vendita svolto in modo **continuativo** nel tempo, quindi con regolarità, sistematicità e ripetitività, il commercio sarà a tutti gli effetti professionale e gli adempimenti formali da compiere da parte dei venditori saranno conseguenzialmente diversi:

-Selezionare un buon consulente commercialista abilitato che ti consiglierà l'inquadramento fiscale più idoneo alle tue peculiarità;

-Aprire e regolarizzare la partita IVA, presentando all'Agenzia delle Entrate lo specifico modello contenente i campi riguardanti il codice o i codici ATECO prescelti in base al tuo core business;

-Compilare la SCIA, comunicazione allo sportello unico per le attività produttive del Comune dove ha sede l'attività per dichiarare la data d'inizio dell'attività stessa;

-Iscrizione al Registro delle Imprese, dato che si tratta di attività commerciale, è necessario comunicare la data d'inizio anche al Registro delle Imprese che rilascerà il numero d'iscrizione;

-Iscrizione all'INPS nella sezione gestione commercianti obbligatoria che prevede il pagamento di quattro rate annuali di contributi con una soglia fissa sotto il migliaio di euro se non si superano i 15.000€ annui di reddito. Fatto tutto questo con il coordinamento del tuo consulente, sarai pronto a intraprendere l'attività di vendita.

Bene, ti ho voluto spiegare alcuni casi popolari e limite perché sarebbe impossibile approfondire l'inquadramento fiscale per ogni tipo di attività!

"Prima di pagar le tasse pensa a riempirti la tasche, esse devono essere una conseguenza, non un freno tirato"!

16-CONSIDERAZIONI PERSONALI

Questa mia guida annovera tra i suoi propositi principali, quello di cercare di aiutare l'internauta nello scoprire le proprie propensioni naturali, strutturandole in maniera innovativa, online! In questo periodo, non basta più "**essere**" ma bisogna essere specifici e carismatici, avere dei validi canali informativi, che uniti a uno spirito **proattivo** (andare oltre il semplice spirito d'iniziativa), un'idea illuminante e una buona dose di fortuna, potrebbero rivoluzionare in positivo la tua esistenza! Ho tenuto molto a evidenziare di dover elevare ossessivamente le proprie competenze per la pianificazione, produzione, promozione e vendita di un **proprio** Business e non mi stancherò mai di ripeterlo! Creati uno spazio tutto tuo e sviluppalo. Tutto il resto è un surrogato, un qualcosa che ha creato un qualcun altro ed erroneamente abbracci come fosse tuo! É davvero pura follia voler basare la propria attività online su un lavoro altrui! Pensa se chiudesse? Se decidesse all'improvviso di vendere il sito avviato? Se decidesse di chiudere la produzione e buttarti fuori? Di bannarti senza plausibile motivo? Queste non sono ipotesi remote, ma sono fatti ricorrenti, quindi fai almeno in modo che la responsabilità sia tua, saranno maggiori gli oneri ma così pure le soddisfazioni di aver fatto un qualcosa creato da te, che aiuti magari decine di persone. Comincia a cibare il tuo cervello in maniera selettiva con ciò che ti piace e non con le notizie inutili, sforzati nello spremerti più che puoi e cerca di distinguerti dalla massa, ti criticheranno, ma sarà tutta invidia perché vorrebbero essere al posto tuo e non ne avranno le capacità! Dovrai essere caparbio con te stesso e gli altri, cercare costantemente di perseguire il meglio, smettila di pensare da dipendente e

consumatore ed entrare in un'ottica **imprenditoriale** perché fare business online significa, prima di ogni altra cosa, non contare sugli altri ma essere e poter **contare innanzitutto su te stesso**. Non potrai pensare di portare avanti molteplici Business, comincia e focalizzati sul primo e duplicane massimo altri due perché rischieresti di frammentare la tua attenzione e quella del tuo ipotetico cliente! Testa costantemente i tuoi Business, se un prodotto non va, prova con altre tecniche di marketing, altrimenti taglialo o riprogettalo da zero. Per iniziare bene, datti un minimo di professionalità e credibilità, evita servizi gratuiti e scadenti, ma investi sulla tua immagine percepita. Cerca di reinvestire i primi guadagni in formazione per imparare sempre cose nuove e arrivare prima degli altri, perché chi arriva primo è sempre percepito come il migliore, anche se non lo è, ma questo saranno i posteri a poterlo dire!
Prima di lasciarti, sempre che non abbia già letto il mio primo libro di "Finanza personale", consentimi una breve **lezione sul denaro**: ti porto l'esempio di una borsa che costa mille Euro e che tu paghi a sconto, a ottocento; pensi di aver risparmiato duecento Euro, vero? No, ne hai spesi comunque ottocento! L'acquisto era indispensabile? Una borsa così cara? Se avessi acquistato una borsa da duecento Euro, allora sì che avresti risparmiato ben seicento Euro, il costo di un ottimo corso di marketing. Prima d'acquistare, ragiona e non farti trasportare dalle emozioni. Cerca in maggior misura di essere e non di apparire, di sembrare! Trasferisci queste conoscenze ai tuoi figli, educandoli a contare solo su se stessi e non su qualcuno che possa regalargli uno stipendio da fame. Forgiali per farne degli imprenditori competitivi! Inizia da quando sono molto piccoli perché più facilmente plasmabili. Compragli un salvadanaio senza apertura sul fondo e

insegnagli la nobile arte del risparmio e dell'accantonamento, finalizzati ad uno o più investimenti. Educali a saper vendere, accompagnandoli ai mercatini per disfarsi in prima persona di ciò che non utilizzano più. Ottima idea è quella della paghetta settimanale per fare pratica alla gestione monetaria. Ti prego, non ricompensare i lavoretti fatti in casa perché così facendo crescerai figli con limitante mentalità da lavoratore dipendente e lo stipendio fisso è l'oppio che riceviamo per dimenticare i nostri sogni! Il segreto dei VIP è, invece, quello di ricompensare i propri figli per ogni libro letto sulla crescita personale perché solo così educherai figli con mentalità aperta verso la libertà finanziaria. Fai molta attenzione perché incombe un enorme pericolo: lo **smartphone**! Ormai passano più ore dinanzi a quello schermo che davanti alla TV e ne sono totalmente ipnotizzati e influenzati. Lo dimostra una recente statistica sul **lavoro dei sogni dei ragazzi** di oggi tra i 18 e i 25 anni che ha confermato nell'ordine, attività come l'Influencer, il fashion blogger, lo stilista, il designer, lo chef, il tronista, ecc. Cerca di moderare l'utilizzo di questi dispositivi alle tue creature altrimenti si avvererà ciò che ha previsto un certo Einstein: *"Temo quel giorno in cui la tecnologia andrà oltre la nostra umanità perché il mondo sarà allora popolato da una generazione d'idioti"*!

Ciò che **ti consiglio** è continuare il percorso di sviluppo personale per poterti concedere un mindset di successo, possa insegnarti a preservare il denaro per poi assimilare le tecniche per investire e gestire al meglio le risorse a disposizione, educarti a saper amministrare il tempo, elevare le capacità di comunicazione e leadership per divenire un irresistibile negoziatore nella vendita di beni e servizi online e non. Tutto ciò è custodito gelosamente nei miei percorsi. Il tuo probabile primo obiettivo sarà il **primo milione**! Un target ambizioso per chi non ha nulla ma chi è sulla strada lo ridimensiona sempre più perché si tratta solo di un'entità matematica controllabile, a differenza delle caratteristiche personali predette. Si tratterà solo di iniziare con la giusta motivazione. Tutti i grandi percorsi iniziano con un primo passo! Il bello delle rendite è che sono "**impilabili**", cioè sovrapponibili, una può stare sopra l'altra e accumularsi. Quindi, ricapitolando velocemente, abbiamo scoperto di poter ricevere rendite attive e passive, da:

1. Un lavoro attivo primario garantito, magari appassionante e stimolante;
2. Un primo lavoro passivo secondario grazie a competenze acquisite sempre maggiori e performanti;
3. Investimenti in strumenti finanziari e assicurativi (interessi e cedole su fondi ed ETF, dividendi e gain su azioni, Crowdfunding, fondi pensione per detrazioni fiscali e capital gain, ecc.);
4. Compra-vendita di beni e servizi;
5. Noleggi o Affitti derivati da possesso di beni, sia brevi che annuali da studenti o a lungo termine;
6. Prestiti ad altri privati, con scrittura privata e interessi a scadenza;
7. Investimenti in negozi da affittare;
8. Uso del tuo brand per Royalties o exit strategy;
9. Attività imprenditoriali online/offline con capacità di guadagno illimitate.

Ora hai scoperto che l'obiettivo non è il primo milione ma sovrapporre almeno 5 rendite passive e il denaro, per te e i tuoi cari non sarà più un problema! Ricorda sempre che il **segreto è nel partire** e non nell'immobilismo!

Infine, l'ultima importante considerazione personale. Non so se tu conosca il tuo **scopo nella vita**, se hai chiaro quali siano i tuoi valori e i metodi che possano aiutarti ad arrivarci! La gente non ci pensa perché non riesce a dare una risposta a quesiti del genere! Siamo concentrati sulle cavolate e non sulle cose serie! Ti sei posto mai domande esistenziali come: Chi sono? Perché sono qui? Cosa posso fare ora? Cosa potrei realizzare in prospettiva? Perché faccio ciò che faccio? Non credo! Penso che tu, come tanti altri intorno a noi, tu abbia paura d'affrontare questi temi! Sappi però che, come diceva un altro saggio, la nostra paura più grande è quella di realizzare il nostro potenziale! Deve diventare uno dei tuoi Mantra! Ora chiediti: Quali sono le persone felici? Sono coloro che vivono con entusiasmo e fanno ciò che gli piace fare per se e per gli altri. Sono dei modelli da emulare. E se lo diventassi anche tu? La vita è adesso, non domani, per questo dovrai attenzionare il tuo scopo odierno, quello di domani, del mese prossimo e dei primi anni a venire. Ogni arco temporale deve rappresentare un obiettivo da centrare perché altrimenti questa vita si chiamerebbe in altra maniera: **sopravvivenza**! Per poter donare devi avere di più e per avere devi crescere in tutti gli ambiti della vita, mantenendo l'equilibrio sopra un filo tirato su di un burrone! Per vincere non basterà legger un libro o andare a un evento. Tutto si esaudirà grazie ad un piano, un metodo e applicazione con sacrificio ogni santo giorno! Molti sono così indaffarati a sopravvivere che non progettano la loro vita e se non ci prendiamo il tempo per farlo, arriverà il momento in cui svanirà tutto con molti rimpianti! Come dico spesso: *"Fai un piano e sarà l'anno migliore della tua vita"*! Provaci! Come io sono e sarò eternamente grato a tutti quei mentori che mi hanno spinto lungo i binari della crescita continua, forse un giorno anche tu avrai questo sentimento nei miei riguardi! Lascia crescere e fai uscire l'enorme energia che è dentro di te! Comincerai ad accorgetene quando la gente attorno a te non potrà fare a meno della tua presenza! Fai della tua esistenza una meraviglia per te stesso, per le persone che avrai aiutato e per i tuoi cari!

"Io ho finito, ora tocca a te dimostrare quanto vali"!

LA TUA OPINIONE E RISORSE

La tua opinione è davvero molto importante per me, mi aiuta a crescere riconoscendo con umiltà dove sbaglio o dove faccio meglio. Vorresti, **ottenere il form completo per una Diversificazione finanziaria efficace (Asset allocation, in gergo) e tanto altri contenuti GRATUITI?** Semplice, vai sulla pagina del mio portale globale, www.tonylocorriere.org, clicca sul grande tasto delle "Risorse" e segui le basilari istruzioni per il download!

Inoltre, per le novità sulla mia produzione, potrai raggiungermi sulla mia personale **"rete mediatica"** da cui potrai prendere certamente spunto per la creazione della tua:

- **Fb**: @habitscoach1
- Amazon e Linkedin, Youtube, Instagram, Twitter, Tik Tok, ecc. cercando semplicemente il mio nome.

Ringraziandoti per l'estrema attenzione, ti rammento che scrivo "**percorsi**", non semplici libri! Per questo ti attendo alle mie altre pubblicazioni e nel frattempo ti auguro: "*Work Hard*", di "lavorare duro", perché senza di esso non arriverai mai a una mazza!

Buona vita ... Tony LOCORRIERE!

www.ingramcontent.com/pod-product-compliance
Lightning Source LLC
Chambersburg PA
CBHW031623210526
45464CB00004B/1726